ものが多くてもできる
コンパクトな暮らし

ライフオーガナイザー
さいとう きい

はじめに

家族の仕事の都合で、引越しの多い暮らしをしています。家選びで譲れない条件を優先した結果、そのほとんどが60㎡未満のコンパクトな住まいになりました。

そんな小さな家に暮らしながら、持ちたいものは持つ暮らしをしています。ものを持つことで、家族が楽しい気分になったり、暮らしがラクになったりするのなら、多少ものが増えてもかまわないと考えているからです。

そんな暮らしかた、考えかたのベースになっているのは、25歳のときの、はじめてのひとり暮らしの経験のように思います。手にした荷物はトランク1つだけ。言葉の通じない外国の、小さな部屋での生活です。若かったということもありますが、辛いと思うことはありませんでした。それよりも、わたしにとってなくてはならないと感じたのは、大切な人との会話、つながりです。

家が大きくても小さくても、必要以上にものを我慢して大切な人との関係が険悪になってしまっては、快適に暮らすことはできません。逆に、必要以上にものを持ちすぎて暮らしが窮屈になってしまっても、本末転倒です。

わたし達家族は、持ちたいものは持ちながら、それが小さな家にきちんと収まるよう、全体でバランスをとりながら暮らすスタイルを選びました。

たとえものが多くても、狭い家であれば、隅々まで目も、手も行き届きます。好きなものに囲まれて暮らせば、自然と機嫌がよくなって、家族の仲もよくなります。片づけや家事のムダを省くことができれば、時間と気力の余裕が生まれ、自分が本当にしたいことに目を向けることができます。

本書では、世界各地の小さな家で暮らしてきたわたしが実践している、狭小住宅ならではの収納の工夫やコツ、暮らしのアイデアをご紹介しています。

本書を手に取ってくださったみなさまの暮らしに、プラスになるようなヒントが１つでもあれば幸いです。

さいとう　きい

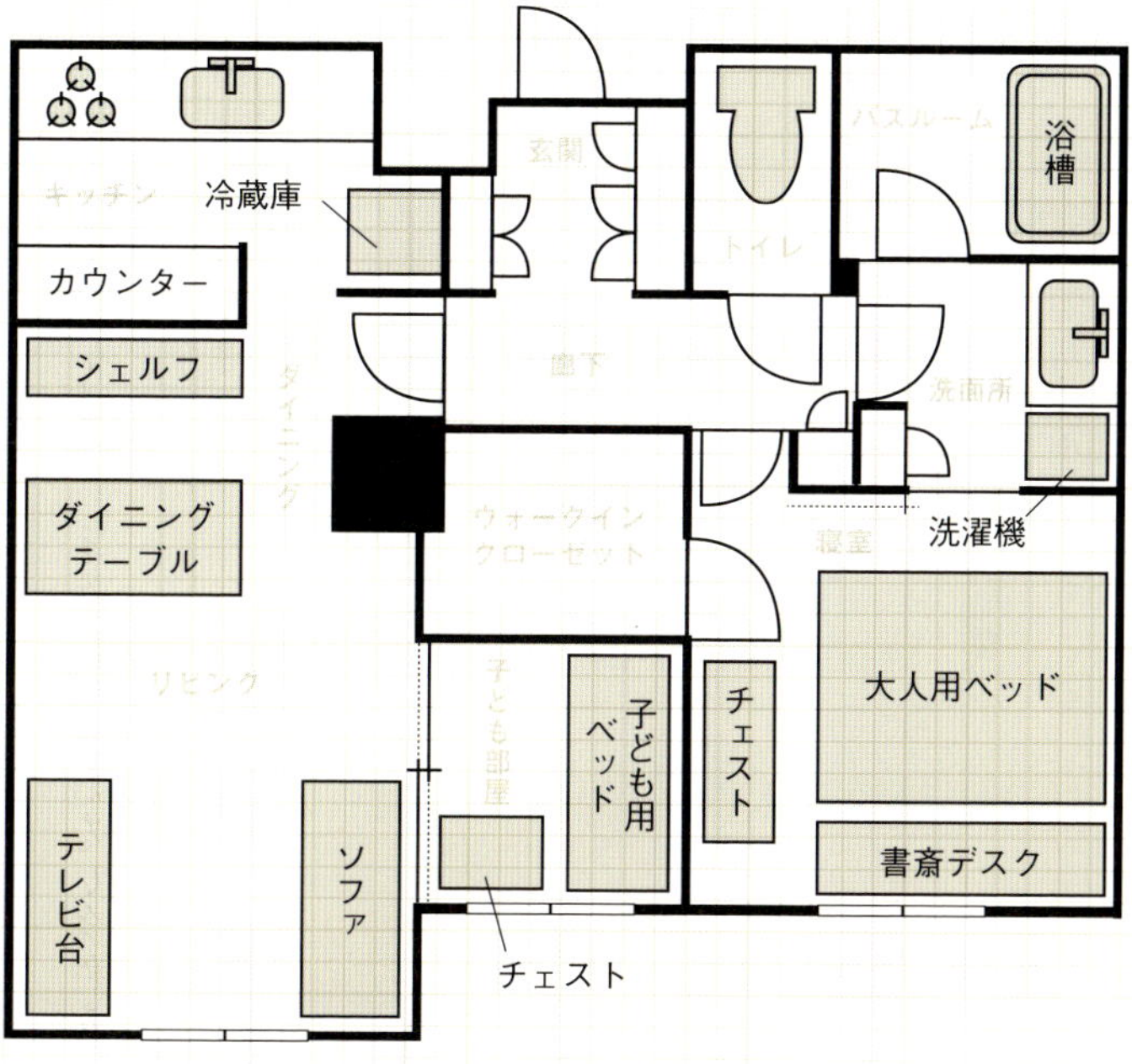

59㎡のわが家の間取り

目次

CHAPTER 2

ものが多くても、すっきり広々暮らすコツ

CHAPTER 3

コックピットのように機能的なキッチン

CHAPTER 4

小さな空間を隅々まで活用する

CHAPTER 5

日々の掃除・片づけは最小限に

CHAPTER 6

コンパクトな暮らしがもたらす豊かな時間

CHAPTER

1

狭い家でも、欲しいものは持っていい

狭い家で暮らしていると、
自然と少ないもので暮らす工夫をするようになります。
といってもわたしの場合、
ストイックにあれもこれも持たない！と
決めているわけではありません。
家族が楽しい気持ちになるものや
それがあると家事がうんとラクになるものなら、
積極的に取り入れたいと思っています。
ここでは、狭い家での「もののとのバランスのとりかた」の
ヒントをご紹介します。

必要なら多く持ってもよしとする

わが家の収納スペースをお見せすると、「見えるところはすっきりしているのに、見えないところは意外とものが多いんですね」と驚かれることがよくあります。

キッチンを例にあげると…。夫婦それぞれが料理をするわが家。とくに料理好きの夫は、調理器具にもこだわりがあります。料理によってステンレスと鉄のフライパンを2サイズずつ使い分け、鋳物のグリルパンやオーブンプレートまでそろえています。わたしの愛用品はというと、煮込んだ野菜を冷まさなくても即ポタージュがつくれるハンドブレンダーや、包丁さばきがあやしくても大量の人参サラダが一瞬でつくれるスライサー、少しくらい不器用でも最後の一滴まで絞り切れるシトラスジューサーなど。いずれの調理器具も、日々フル活用してラクをさせてもらっています。

ここまで告白してしまうと、もうおわかりかと思いますが…。

わたしはインテリアと整理整頓が大好きだというだけで、家事全般が得意なわけではありません。**苦手なことをものがサポートしてくれるのであれば、積極的に頼りたい**というのが本音です。

狭い家で暮らしていると、少ないもので暮らす必要に迫られることが多々あります。でも、そのためにがまんしすぎては続きません。**わたしが考える「コンパクトな暮ら**

し」に大切なことは、少ないもので暮らすことではなく、限られた空間を有効に使って、ムリせず、隅々まで手入れが行き届いた生活をすることです。

家が狭くても、必要であるなら、ものは多く持ってもいい！　そう割りきって、持ちものをどのように収納するかで、日々頭を悩ませています。

❶夫がコレクションしている包丁は「GLOBAL」のものだけで5本もあります。ミートチョッパーナイフはアメリカで購入。❷普段はオリーブの木のまな板を愛用していますが、肉や魚、匂いの強いものは食洗機で洗える「EPICUREAN」を。❸たくさんある細々としたアクセサリーはケースで分類して散らかるのを防止。❹子どものおもちゃを入れる収納ボックスは、ラタンのバスケットで統一してすっきりと。

収納家具は大胆に、大きなものを1つ

部屋が狭いと、それにあわせて小さな家具をそろえがちですが、必ずしもそれが快適な暮らしにつながるわけではないようです。大きな家具を1つだけ取り入れて、ほかを少し抑えたほうが、ものの管理がしやすく、居心地もよくなることがあります。

独身のときに3回、結婚してから5回の引越しを経験してきましたが、実はそのほとんどが60㎡未満の小さなおうちでした。家選びの条件として「立地」を一番にあげていたら、結果的に部屋が狭くなってしまった…というのがその理由です。

そんなスモールスペース暮らしの経験から、家具選びで学んだことがあります。それは、**家のサイズだけを意識して家具を選ばない**ということ。

たとえば最初に、リビングの大きさにあわせた小さな収納家具を1つ置いてしまうと、家族が増えたり、ライフスタイルが変わったりしてものが増えたとき、収納家具を新たに買い足す必要が出てきます。それを行き当たりばったりに繰り返していると、あっという間にリビングはまとまりのない空間に…。

それなら最初から大きめの収納家具を1つ置き、生活の仕方が変わっても、そこに収まるだけのものを持つよう工夫するほうが、すっきりとした印象を保ちやすいように感じます。

わが家のリビング・ダイニングスペースには、天井まで届きそうな大きなオープンシェルフを置いています。背面が抜けていると、大型家具でも意外と圧迫感がありません。扉のついていない収納家具を取り入れる場合は、そこに収めるカゴやボックスなどの収納グッズも同じテイストでそろえると、さらにすっきりとまとめられます。

「絵になる」実用品を飾る

小さな家の場合、収納スペースだけでなく、インテリア雑貨や小物を飾るスペースにも限りがあります。かといって何も置かないのでは、地味な印象になることも。

そこでわが家では、ダイニングスペースに置いたオープンシェルフを「飾るための場」としても活用することにしました。

ただ、そこに雑貨や小物などを飾っておくと、知らぬ間にホコリがたまって掃除が大変です。そんなとき、たまたま読んだ門倉多仁亜さんの本（*）で「実用品をインテリアにする」というアイデアが紹介されていました。

たしかに、飾りっ放しの雑貨などと違って、**毎日のように出し入れする実用品なら、ホコリの溜まる暇がありません**。さっそくわが家でも取り入れてみることに。

まずは、インテリアになる保温ポットと急須を。毎日使うので、当然ホコリは溜まりません。見た目のいいケーキスタンドもシェルフに収納。週末に焼いたマフィンをのせたり、いただいた果物を飾ったりと、使っている間にお手入れできています。

しまいこむと使わなくなる美しいお重もシェルフの中へ。お弁当を詰めてピクニックに持って行ったり、サラダやお菓子を盛ってお皿代わりに使ったりして、たびたび

お気に入りの急須は蓋がウォールナット。その右手奥には保温ポット。左手にあるのはお重。

活用するようになりました。

晩酌の習慣があるわが家では、ワインも飾りながら収納しています。毎晩、どれを飲もうかと出し入れするせいか、ホコリの溜まる心配はないようです。

飾って美しく、使って気分がいい。おまけにホコリも溜まらないという一石三鳥のアイデア。すっかりわが家にも定着しました。

❶重箱をシェルフに飾って出しっ放しにすることで、使用頻度がアップ。❷高橋工芸のケーキスタンドは、マフィンが３～４つ収まる小さめサイズ。曽我ガラスのドームをかぶせておけばラップ不要。ケーキスタンドは、果物が熟すまで飾っておいたり、お正月には三宝代わりに鏡餅をのせて使うことも。

＊参考書籍

・門倉多仁亜（2007）『タニアのドイツ式部屋づくり』（ソフトバンククリエイティブ）

部屋の「見せ場」にとことんこだわる

狭い空間では、人とものの距離が近いため、広い空間より散らかりが目立ちます。といっても、いつもいつも部屋全体を美しく保つことはできません。片づけに時間がとれないときは、部屋の見せ場を意識して整えると効率的なようです。

部屋の入り口に立って室内へ一歩進んだとき、視界に飛び込んでくる場所。それが部屋の見せ場、「フォーカルポイント」です。

たとえば、部屋の角に入り口がある場合にはその対角線上が、部屋の真ん中に入り口がある場合にはその正面がフォーカルポイントになることが多いと言われています。ここが美しく整っていると、部屋の第一印象は◎。逆に散らかっていたり生活感があふれていたりすると、部屋全体がイメージダウン。

意識的に部屋一番の見せ場を片づけて、できれば少し美しく飾ってみると、ほかが多少散らかっていても、部屋全体のイメージがよく見えるから不思議です。

わが家の場合、リビング・ダイニングのフォーカルポイントは、二段階で現れます。部屋の入り口が少し凹んでいるため、ドアを開けた状態で最初に見渡せるのはダイニングスペースのみ。そのため、第一の見せ場はダイニングテーブルの上になります。ここにものがあふれていると、部屋全体のイメージが悪くなるので、なるべくものを置かないよう努めています。

さらに一歩進むと、リビング全体が見渡せます。そのとき視界に飛び込んでくるのがテレビです。せっかくの第二の見せ場に、色気のないテレビがど～んとあるのは、正直なところかなり残念。そのイメージを少しでも和らげようと、テレビ台にはこだわって美しいデザインのものを選びました。

そもそも存在感のあるものには視線が集まりやすいので、機器類や配線などで乱雑になっていると、一気に部屋全体が散らかった印象に。できる限りテレビ周りのものを減らして隠すことが、部屋をすっきり見せる秘訣のようです。

ご自宅のリビングのどこがフォーカルポイントなのかわからないと思ったら、部屋を写真に撮ってみると一目瞭然。部屋の特徴が客観的に見られるのでおすすめです。

❶扉を閉めると、すっきり片づいた印象のテレビ台。他の家具とあわせて材質はウォールナット。圧迫感を抑えるため、高さは低め。中には、書類やＤＶＤプレイヤー、アンプなどを収納。❷家電の無機質なイメージを和らげるため、そばに観葉植物を置いて。❸テレビの配線はホコリよけを兼ねて、難燃性のコルゲートチューブ(*)で束ねています。

＊参考サイト(本書でご紹介している情報は、今後更新される可能性があります)

・MonotaRO：コルゲートチューブ　http://www.monotaro.com/g/00347714/

生活感の出やすいアイテムは死角に

掃除道具や電化製品などの生活感が出やすいものは、ドアの裏や柱の影など、人の目が届きづらい「死角」を活用するようにしています。

最近、取り入れた死角収納の１つが、キッチンの物干しスペース。

以前は、洗った台拭きやスポンジ、タワシなどを一時的に干しておくとき、場所によってはリビング・ダイニングから丸見えになるのが気になりました。

そんなとき、偶然拝見した整理収納ブログで、すばらしいアイデアを発見。さっそく真似て、わが家でもリビング・ダイニングの死角になる場所に物干しスペースをつくることにしました。

といっても、吊り戸棚の下に粘着シールでタオルハンガーを取りつけ、無印良品の「ひっかけるワイヤークリップ」と「横ブレしにくいフック」をかけるだけで完成です。

洗った台拭きは、ハンガー部分にひっかけて乾燥。コーヒーメーカーを洗う柄つきブラシなども、そのままフック部分にひっかけるだけ。開いた牛乳パックや食品トレーを乾かすときは、クリップでとめればOK。何を干しても、リビングやダイニングからは死角になって見えません。

「このアイテム、どうすれば生活感を出さないよう収納できるのかな？」と悩んだときは、一般の方のブログをチェックしてみると、暮らしに役立つヒントが得やすいように思います。

❶吊り戸棚の下の物干しスペース。柄つきブラシはフックにかけて乾燥。
❷ダイニングの柱の陰に隠したフローリングワイパーと空気清浄機。

COLUMN

緑と光で空間に広がりをつくる

狭い部屋をすっきりとシンプルにまとめようとすると、どうしても地味で寂しい印象になりがちです。

でも、そこに植物を置くだけで、空間が明るく華やかに。ふと目が留まると、気持ちがホッと癒されるうえ、ものが増えているはずなのに開放感まで増すから不思議です。

そうはいっても、小さな子どもと愛犬のお世話に追われる毎日なので、植物のお手入れに十分な時間をかけることはできません。そこで、わが家で積極的に取り入れているのが観葉植物です。一般的な植物と違い、日の光が届かず風も吹かない室内でも元気に育つよう改良されている品種なので、ほとんど手がかかりません。

観葉植物のなかでも、わたしが特に育てやすいと感じているのが、**乾燥に強く、耐陰性、耐寒性のあるタイプ**。乾燥に強いということは水やりの頻度が少なくても大丈夫ということ（手がかからない！）、耐陰性があるということは部屋の中に置きっ放しでも比較的元気でいてくれるということ（直射日光の当たらない窓際がベスト！）。

意外と見落とされがちですが、耐寒性も大切です。子どもが小さいうちは、リビングに観葉植物を置くと、うっかり土を口にしないかとか、いたずらしないかとか、何

胡蝶蘭。花がなくても蘭全般の葉っぱの形が好きです。

かと心配なことがあるかと思います。

そんなとき、一時的にベランダなどに出して育てようと思っても、耐寒性が低い品種は屋外で冬を越すことができません。最低気温0度くらいまで耐えられる品種を選んでおけば、東京以南では、冬でも屋外で育てられるから安心です。

❶モンステラ。葉っぱの形がハートでかわいい。❷スワロフスキーのサンキャッチャーを窓辺に吊り下げて。ガラス製品や光る小物を窓辺に置くだけで、太陽の光を取り入れて部屋が広く見えます。❸上方の壁にかかった植物は、自分で板つけしたコウモリラン。右横の植物はカシワバゴムの樹。狭い空間でも置き場所にさえ気をつければ、大きな観葉植物を置いても圧迫感がありません。

コンパクトな暮らしに、もう1つ取り入れたいのが光。

電球のなかでも、やっぱり**白熱灯の光の美しさは格別**です。なんだか落ち着く…と感じます。電気代も気になりますが、部屋の雰囲気も大切にしたい。そう考えて、わが家では滞在時間の短い場所では電球色のLEDを、リラックスして過ごしたい場所では白熱灯に調光器を併用することでバランスをとっています。

狭いスペースだからこそ、照明の数や場所も重要です。たとえば、天井に1つだけ大きな照明を取りつけるより、光源の数を増やしたほうが、空間に奥行や立体感が生まれて、実際より部屋が広く見えるとか。そんな錯覚効果を狙って、積極的に間接照明を取り入れるようにしています。

また、照明が照らす先には視線が集まりやすいため、ソファや額などに光を向けて、くつろいだ雰囲気を演出することも。

鏡も、空間を広く明るく見せてくれるアイテムの1つ。光を反射して、部屋の広さと奥行きを感じさせてくれます。

多少ものを増やしても、それぞれの特性を活かしながら、家族がリラックスできる空間を築いていきたい。そんなふうに考えています。

ヘッドの角度が調整できる間接照明を選ぶと、本体を移動せずに照らす先を変えられて便利です。

わが家の場合、光を取り入れて部屋を広く見せるのはもちろんですが、マンションの構造上できた柱の突っ張りを隠すためにも鏡を活用しています。

おもちゃや絵本をすっきり収めるには

わが家をご覧になった方から、「ずっと片づいた状態をキープできるなんて、すごい！」「きっと部屋が散らかったりしないんでしょうね？」といった感想をいただくことがあるのですが…。

それは誤解です！

わが家がいつも片づいて見えるのは、片づいた状態しかお見せしていないから。人と犬が暮らしている以上、わが家も散らかりますし、汚れます。でも、それほど片づけに追われていないのは、散らかっても片づけやすい仕組みづくり、汚れても掃除しやすい仕組みづくりを心がけているからかもしれません。

たとえばわたしは元々、部屋の片隅に本や雑誌、雑貨類が積み上がったような、ほどよく生活感のあるジャンクなインテリアが理想です。でも、今はどんなに美しく本や雑貨を並べたとしても、あっという間に子どもに散らかされてしまいます。

現実的に考えると、**子どもが小さいうちは夫婦2人で暮らしていた頃のような大人のインテリアをキープするのは困難**です。そのために「あれしちゃだめ」「これしちゃだめ」と子どもを追いかけ回すのは、わたしにとってても楽しいことではありません。

アトリエ・フィッシャーの「キューブモザイク」。モザイクを組み合わせて子どもがつくった作品は、そのまま飾って「見せる収納」に。

ダイニングスペースのシェルフに入れる収納ボックスは、部屋になじむラタンのバスケットで統一しています。子どものおもちゃはカラフルなものが多くて目につきますが、このバスケットの中に片づけてしまうと、外からは色が目立たなくなるので空間がすっきり感じられるようです。

そこで、大人だけの暮らし方から少しずつムダをそぎ落とし、生活をシンプルに整える工夫を凝らすようになりました。理想のスタイルは、いったんお休みです。出しっ放しにしていた雑貨類は片づけました。おかげで子どもがどこを触っても、慌てずにすんでいます。

さらに、子どもとの暮らしでは、カラフルなおもちゃや絵本、雑貨などが部屋にあふれます。本来は落ち着いたカラーでインテリアをまとめるのが好きなのですが…。**明るくポップなアイテムも、子どもが小さい今だからこそ楽しめるインテリア**。そう割りきって、カラフルなおもちゃや雑貨をしまい込まず、子どもにとって出し入れしやすい収納方法を取り入れました。すぐに片づけられるとわかっているので、子どもが豪快におもちゃを出してきても、一緒に遊んでいられます。

また、油性ペンやハサミ、医薬品といった子どもにひとりで触って欲しくないものは高い場所へ収納するようにしました。子どもが危険なものを触らないかとハラハラしたり、子どもの行動をいちいち制止したりしなくていいので、お互いにストレスなく過ごせるように思います。

絶対に散らからない部屋、汚れない部屋をつくろうとするのは、あまり現実的な話ではありません。

でも、散らかりづらい部屋、片づけやすい部屋、汚れても掃除しやすい部屋、そして危険の少ない部屋なら、工夫次第で手に入れられるように思います。

特に子どもが小さいうちや、仕事が忙しい時期は、自分達の都合にあわせて部屋を整え直すことが大切なのかもしれません。

息切れせずに続けられる仕組みさえ整えば、もっとラクに、快適に暮らしていけるように感じています。

子どもが使うときにまだ目が離せないハサミのほか、愛犬の誤飲が心配な小さなビー玉なども、高い場所に収納。「使うときはわたしと一緒に」と伝えておけば、使いたくなったときに子どもが声をかけてくれます。

家族みんながすぐに片づけられる工夫

わたしと夫では、使いやすい収納のスタイルが違います。

わたしは目で見た情報を直感的にとらえて、ものを探したり戻したりするタイプ。中身が透けて見えるボックスであればラベルがなくても問題ありません。

一方で夫は、論理的に物事をとらえる傾向にあり、直感的に情報をとらえるのは苦手なタイプ。半透明ボックスからなんとかものを探し出せたとしても、ラベルなどの情報がなければ、戻す場所がわからなくなってしまいます。そのため、出したものを元の場所に戻せないことが、たびたびありました。

そこで、半透明の収納ボックスにラベリングを採用してみたところ、たったそれだけで、夫はものが探せる、戻せるように！

家族が必要なときに必要なものを取り出せない収納は、ものを探す人のストレスになるだけでなく、「あれどこ?」「これどこ?」と尋ねられるわたしにとっても、大きなストレスになります。使ったものを元に戻しづらい収納も、もちろん同じ。

隅々まで行き届いた暮らしを望んでも、**わたしひとりで維持するのには限界があります**。暮らしの負担を少しでも軽くするため、どうすればみんなが取り出しやすく戻しやすい収納になるのか。家族の様子を観察しながら、日々あれこれ試しています。

家中あちこちで使っている半透明の収納ボックスは、無印良品の「ポリプロピレンメイクボックス」。中身が透けて見えるため、ものを探しやすいところが気に入っています。もっとも、夫は中身が透けて見えたところで、「探しやすい」とは思わないので、それぞれラベリング必須です。

ネットショップが買い物のムダを防いでくれる

車を持たずに暮らしているため、買い物のすべてを自力でとなると、かなりの重労働です。買い物カゴを下げながら子どもを抱っこし、商品を選んでお会計、重い荷物を抱えて帰宅する頃には疲労困憊。そのあと、ごはんをつくったり片づけたりする気力も体力も残っていません…。

そんなわけで最近は、スーパーやドラッグストアからすっかり足が遠のいてしまいました。

代わりに、ほぼすべての食品、日用品をインターネット経由で購入しています。都合のいい時間に注文しておけば、都合のいい時間に玄関先まで届けてもらえるから大助かり。

ネットショップを活用するようになったおかげで節約できているのは、時間と気力、体力だけではありません。

店に出向いていた頃には、「スーパーで特売になっていたから」とたくさん野菜を買ったものの、使いきれなくてムダにしてしまったり、「ドラッグストアで新製品が出ていたから」と新しいシャンプーを買ったものの、家にはストックが山ほどあったり…というような失敗が、たびたびありました。

シャンプー、コンディショナー、キッチンやランドリーの洗剤などは定番を決め、アメリカの通販サイト「iHerb」で月１回まとめ買い。おかげで、ドラッグストアでの衝動買いが減りました。

ところがネットショップを活用して、だいたいのメニューを決めてから必要な食材だけを買ったり、家にあるストックを確認しながら定番の日用品を買ったりするようになると、ムダな買い物が減りました。今の暮らしに必要ないものを、はっきりとした目的もなく衝動買いすることがなくなったからです。

おまけに、ネットショッピングなら、買い物カゴに商品を入れるたびに金額を計算してくれるうえ、月毎の利用明細もはっきりわかります。そのおかげで**予算管理もスムーズに**なりました。

もちろん必要に迫られてスーパーなどで買い足すこともありますが、食品、日用品に関してはインターネット経由で買うと決めておくことで、使いきれないものを買ってしまうのを防げているように感じます。

よく利用している
日用品のネットショップ

紙おむつ、おしりふきなど

Amazonファミリー・Amazonプライム

産後すぐから紙おむつを大量に消費する間は、Amazonファミリー・Amazonプライムに会員登録していました。Amazonファミリー会員が定期おトク便で紙おむつ・おしりふきを注文すると、通常10%割引のところが15%割引に。キャンペーン期間中なら、プライム会員の年会費は実質無料。詳しくはサイトで。

http://www.amazon.co.jp/gp/family/signup/welcome/
http://www.amazon.co.jp/gp/prime/

● よく買っていたもの

パンパースの紙おむつ
粉ミルク
水99.9% ふんわりおしりふき

ボックスティッシュ、食品など

LOHACO

オフィス用品を翌日配送してくれる「アスクル」の個人向けサイト。10時までの注文なら、最短で当日18時〜20時、または20時〜21時の時間指定で受け取り可能。文具だけでなく、かさばる紙類や水、食品、無印良品の商品も取り扱っています。1,900円(税込)以上で送料無料。

http://lohaco.jp/

● よく買っているもの

スコッティの2倍巻きトイレットペーパー
ネピアティッシュ(5箱入り)
ディチェコのパスタ

自然食品、サプリメントなど

iHerb

世界でも最大規模のナチュラルプロダクト専門オンラインショップ。アメリカの会社ですが、1996年から日本への配送も行っています。平均配達時間3〜5日間。商品合計が16,000円未満であれば、基本的に関税はかかりません。サイトの大半が日本語に対応。詳しくはサイトで。

http://jp.iherb.com/

● よく買っているもの

シャンプー&コンディショナー
「method」の洗剤類
「Now Foods」の歯磨きペースト、スキンケア商品
ハチミツ、マヌカハニー
ココナッツバター
アーモンドバター

「どこにあるかわからない」をなくす

ものの数が、多いのか少ないのか？　それに答えられるのは、その「もの」を使っている本人だけ。ものの適正量は人それぞれだからです。

適正量がわからないという場合は、次の3つの質問をヒントにしてみましょう。

●収納スペース：収納スペースと、もののバランスを保てていますか？

収納スペースにものがきちんと収まっていて日々の出し入れにストレスを感じないようであれば、バランスが適正ということになります。

●管理能力：何が、どこに、いくつあるか把握できていますか？

「はい」と答えられるまでものを整理することが快適に暮らすための第一歩です。

●必要数：使いきれる量以上のものでスペースをふさいでいませんか？

たとえばストックなどは、ご自分の家の平均的な消費ペースを把握すると、必要以上に持たなくても「不安」にならなくてすみます。

自分にとってちょうどいい量のものを持てば、ムリなく行き届いた暮らしが送れるように思います。

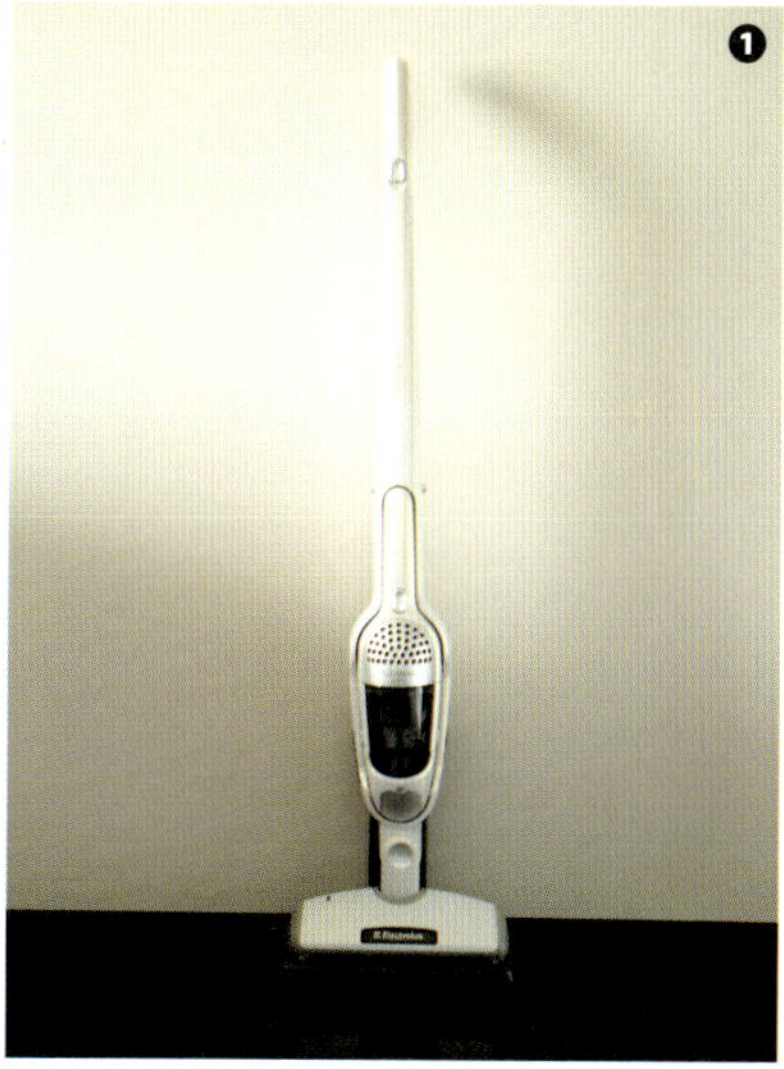

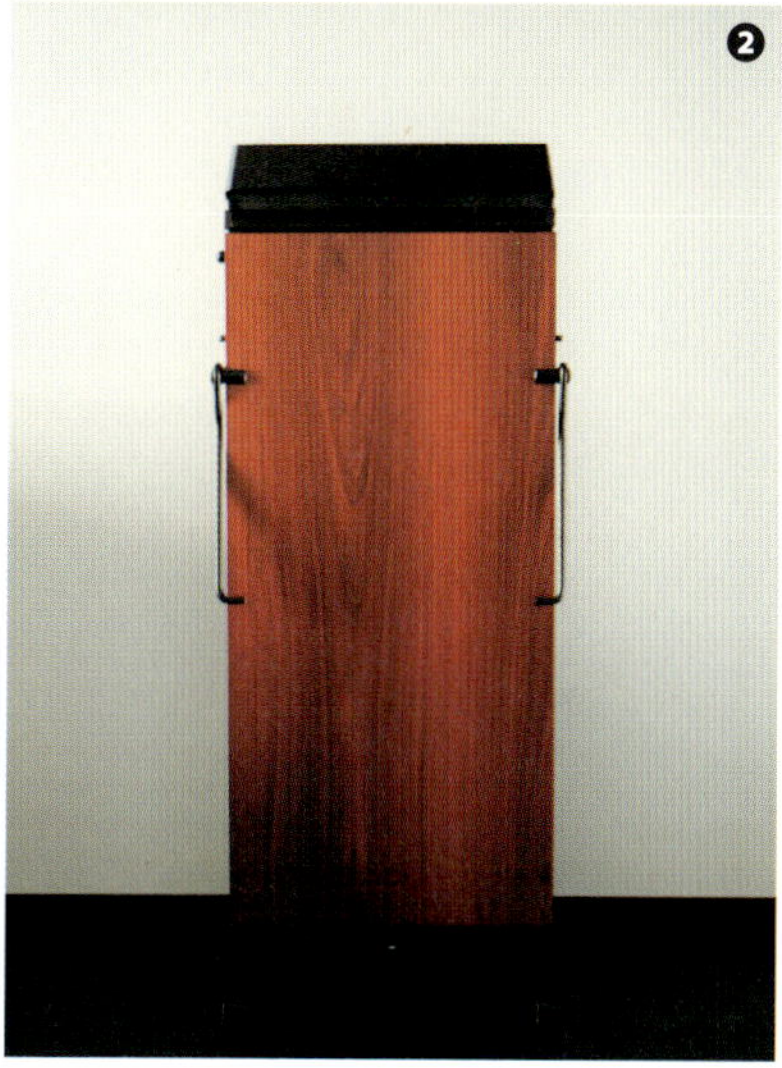

多い？　少ない？　わが家で大活躍の生活用品いろいろ。❶大きな掃除機とは別に、ちょこっと掃除するのに便利なスティック型クリーナー。❷苦手なアイロンがけをしなくても、パンツのセンタープレスをきれいに再現してくれるズボンプレッサー。❸用途にあわせて先の部分を取り替えられる無印良品の「掃除用品システム」は収納場所を節約できます。❹お掃除ロボット「ブラーバ」は、ボタンを押すだけで床の隅々まで自動で水拭きしてくれます。

ものに自分をあわせない

日々快適に使っていたとしても、あるときから突然、使えなくなるものもあります。**使いたいと思っていても、今は使えずに置いているだけであれば、狭い家では貴重なスペースのムダ遣いになってしまうことも。**

そんなときはムリせず、今の自分をものにあわせようとするのではなく、ものを自分のほうにあわせるようにしています。

わたしはコーヒーが大好きで、毎日大きなカップにたっぷり2杯は飲んでいます。以前までは電動ミルをフル稼働させて、挽きたてのコーヒーを淹れていました。ところが、妊娠・出産でカフェインをとりづらくなり、電動ミルの出番が激減。今は子どもが大きくなって、また自由にコーヒーが飲めるようになったものの、以前のようにゆっくり豆を挽いてコーヒーを淹れる時間がとれません。最近はもっぱら、店で挽いてもらった豆を手入れが簡単で省スペースなケメックスで淹れるスタイルに。

そんなわけで現在、電動ミルは収納スペースの奥深くでお休み中です。

ライフスタイルが変わって、ものとのつきあいかたを見直すとき、ものではなく今

時間にゆとりのある週末の朝は、子どもが楽しみにしてくれているカップケーキやパンケーキを焼きます。

の自分を基準にして考えることで、「今は使わないからしまっておく」「今は持たないと決めたから手放す」の判断がスムーズにできるように感じています。

子どもが大きくなって、朝の時間がもう少しゆっくり流れるようになったら、また電動ミルを出してきて、挽きたての豆で淹れたコーヒーを飲むのが、わたしの夢です。もうまもなく、でしょうか…？

❶ストックを持ちたくないので、ペーパーフィルターではなく、KONEの円すい形のステンレススチールフィルターを使っています。❷ケメックスは、実用性を重視して、丸ごと洗えるガラスハンドルのものを選びました。

CHAPTER

2

ものが多くても、すっきり広々暮らすコツ

狭い家に暮らしているから、ものが多いから、といって
必ずしも家が片づかないというわけではありません。
たくさんのものを持っていても、
小さな住まいの隅々まで目と手が行き届くようにしておけば
広々と快適に暮らすことができます。
ここでは、たくさんのものを持ちながら、
つねにすっきり広々した空間をキープするための
片づけ・収納の「強弱のつけかた」をご紹介します。

リビングを家族が集まる場所に

リビングは、家族が集まって、もっとも長い時間を過ごす場所。みんなにとって快適な空間であって欲しいと思っています。けれども実際には、家族だけでなく、家族のものまで一緒に集まって、油断していると、またたく間に雑然とした印象に。

特に、小さな家では、リビング以外の空間も狭くなるため、キッチンに収まらない食品をチョイ置きしたり、クローゼットからあふれた衣類をチョイ掛けしたり。広い家に比べて、リビングにシワ寄せがいくことが多いようです。

小さなリビングをすっきり整え、片づいた状態を保つためにも、まずは、**家族それぞれがリビングでしたいことをはっきりさせて、そこから不要なものを引いていく**こと。それが大切なように感じます。

たとえば、わたしがリビングでしたいことは、大きなソファに足を伸ばして座り、のんびりと雑誌や本を読むことです。

映画好きの夫は、週末に大きなテレビで上映会を開くのを楽しみにしています。

紙を一面に貼りつけると、大きなキャンバスのできあがり（P51参照）。

家族みんなが集まるリビングでは、家族との距離が近くなるので、自然と会話が生まれます。

3歳になった子どもに教えてもらったことはありませんが…愛犬の隣に座ってお絵描きするのが大好きなようです。

そんな希望を叶えるために、ゆったり足を伸ばして座れるソファ、40V型の液晶テレビ、おもちゃや文具をまとめて収納できるシェルフなど、狭いわが家にしては比較的大きめサイズのものを取り入れることにしました。

その代わり、ソファ前に専用のカフェテーブルを置かないようにしたり、AV機器類を隠せるテレビ台を選んだり、ダイニングテーブルを少し小ぶりのものにしたり。狭い部屋でなるべく快適に過ごすため、手に入れるものと諦めるもののバランスを測るようにしています。

家族の希望を取り入れたことで、小さなリビングはますます手狭になりました。でも、家族の満足度は大幅にアップ。自分の希望を叶えるために貴重なスペースを使っていると自覚しているうえ、自分のしたいことをするためにも、リビングは片づいているほうがいいという気持ちが生まれた様子。

わたしが口うるさく言わなくても、自然と家族みんながリビングを大切に扱うようになったと感じています。

省エネ・省スペースなシーリングファン

シーリングファンのように大きな電化製品なんて、狭い部屋とは無関係だと思っていませんか？　そんなことはありません。天井も立派な「活用できる空間」です。

わが家のリビング・ダイニングは長方形。エアコンがリビング側にあるため、設定温度によってリビング側が寒かったり、ダイニング側が暑かったり…。

エアコンの風が届きづらい場所にサーキュレーターを置くと、空調の効率が上がって快適に過ごせると聞きますが、狭い部屋では置く場所が限られます。

しかも、わが家には小さい子どもと犬がいるため、床にサーキュレーターを置くのも心配です。

そんなわが家で活用しているのが、シーリングファン。

シーリングファンとは、天井に取りつける扇風機のようなものです。部屋の空気を攪拌《かくはん》して、室温のむらを軽減するために使います。

南国のリゾートホテルや、日本でも天井の高い吹き抜けなどに採用されているのを見かけたことがあるかもしれませんが、実はこれが、普通のマンション住まいのわが家でも大活躍しています。

シーリングファンのおかげで、空気がほどよく循環し、暑い夏から寒い冬まで、１年中どこにいても快適です。エアコンの温度を±１度くらい抑えられているため、省エネにも一役買っているように思います。おまけに天井に直接取りつけられるから、省スペース。

サーキュレーターと違って羽根が大きく、ゆっくり回転するので、ほとんど音がしないのも◎です。

むずかしそうに見える取りつけも、種類を選べば驚くほど簡単。もちろん電気工事はいりません。天井に照明を取りつけるための埋込ローゼットに専用の金具をビス止めするだけで設置完了。とても軽いので、わたしひとりで10分もかからずに取りつけられました。価格も１万円前後からと、意外とリーズナブル。

エアコンの効率が悪いと感じるスモールスペースであれば、家電店などで相談してみる価値ありだと思います。

わが家のシーリングファンは、ＮＥＣ製「F-301」というタイプ。

COLUMN

ダイニングテーブルの上は「聖域」に

わが家のダイニングテーブルは、あっという間に何もない状態にリセットできます。小さな子どもがいるのにどうやって？　と驚かれることもあるのですが、実はこれには秘密があります。それは…そばに置いているオープンシェルフです（右下写真参照）。

夫婦2人だけのときは、ダイニングテーブルの上がさほど散らかることもありませんでしたが、子どもが生まれてライフスタイルが一転。ダイニングテーブルに集まる細々したものの数が増えました。

区から送られてくる乳幼児健診の予診票や予防接種の受診票、保育園とのやりとりに使う連絡帳、そこに書き込むためのボールペン、毎朝検温するための体温計など。ものの管理が増えるだけならまだしも、すべての家事は子どもと遊びながら、おしゃべりしながら。収納場所が遠かったり収納法が複雑だったりすると、そのつど片づけるのが大変です。

そこで、ダイニングテーブルから振り向いてすぐの場所にシェルフを置くことに。すると、ものを出すのも簡単、戻すのも簡単。結果的に散らかりづらい仕組みができ

振り向いてすぐのところに収納場所があると、ダイニングテーブルの上をすぐに片づけられます。

わが家のダイニングテーブルは140ｃｍ×70ｃｍ。リビング・ダイニングスペースが細長い造りなので、壁に垂直、水平どちらに置いても、椅子を引いたり、後ろを人が通ったりしやすいように、奥行きを少し短くサイズオーダーしています。小さな空間に置いた場合、同じ面積であっても、正方形よりも長方形のテーブルのほうが、空間が広く感じられるように思います。

あがりました。

たとえば、毎朝使う体温計とボールペンは、シェルフに入れた浅い引き出しの中へ。保育園から持ち帰った連絡帳は、読んだらすぐ同じ引き出しへ。提出が必要な書類は、その場で必要事項を書き込んで連絡帳の上に。

予診票や受診票など、子ども関連の大切な書類は、蓋つきの書類ケースにまとめてシェルフの中へ。1カ所に収納しておくと、必要なときあちこち探す手間も省けます。


当然ながら、収納場所が近くても収納方法が簡単でも、つねにスペース全体を完璧に、美しく整えておけるわけではありません。

家族の体調がよくなかったり、仕事が立て込んでいたりすると、辛うじてダイニングテーブルの上にはものが出ていないというだけで、シェルフの中は「ごっちゃり」なことも多々あります。

でも、**面積の大きなダイニングテーブルの上だけでもすっきりしていると、ほかが多少荒れていても部屋全体が片づいて見える**から効果は絶大。片づけに時間が割けないときは、ここだけは「聖域」として、すっきり保てていれば合格としています。

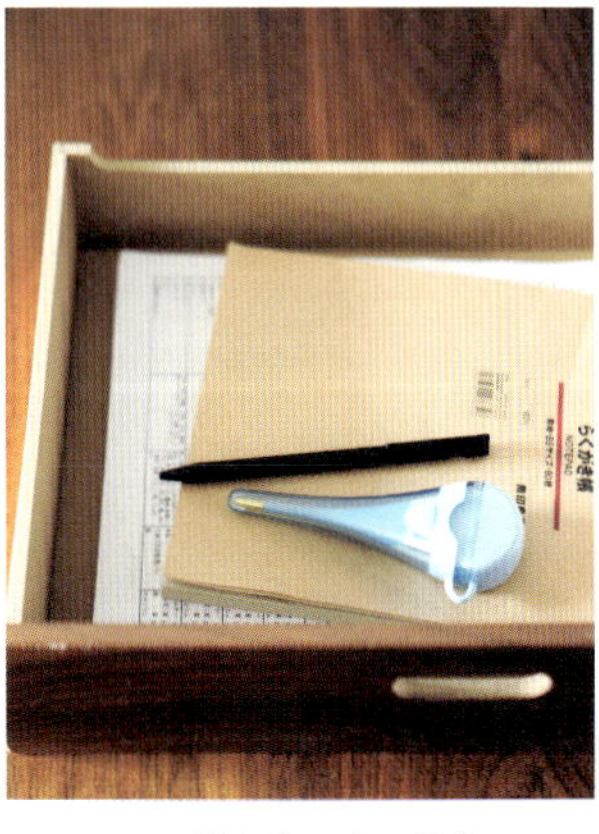

シェルフの引き出しを1段使って、ボールペン、体温計などの保育園用朝グッズをまとめています。

もちろん、どこを「聖域」とするかは、人それぞれです。部屋に入った瞬間、目につくフォーカルポイントや、お気に入りのものを集めている場所など。

ご自身の家の中でどこか1つだけ「聖域」を決め、その近くに収納スペースを設けたら、まずはそこをすっきり保つことからスタートしてみてもよいかと思います。

❶予防接種通知など子ども関連の郵便物は、中を確かめてから、必要なものは蓋つきの箱の中に入れシェルフの上段へ。「子ども関連」などとラベリングしておくと、中身がわかって便利。
❷クレジットカード利用控え、領収書や伝票の控え、公共料金明細書の三種類は1年分保管。家に入って来たらすぐ分類してクリアケースへ。

わが家で大活躍しているベンチ

家族の希望を優先させたため（P40参照）、狭いリビング・ダイニングスペースに対して、わが家のソファとテレビは少し大きめのサイズです。ここへ、広い部屋と同じように標準的な大きさの家具をすべて詰めてしまうと、あっという間に窮屈さが増してしまいます。

何か引き算できる家具はないものかと考えた結果、ソファの前にカフェテーブルを置かないことにしました。

でも、ソファに座ってちょっとお茶を飲んだり本を読んだりするときに、テーブルがないとやっぱり不便。

そこで、ダイニングチェアの1つをベンチにして、カフェテーブルを兼ねられるようにしました。必要なときにだけ、ダイニングからソファの前へ移動すれば、あっという間にカフェスペースの完成です。

おかげで、持つ家具の数を減らしても、不便を感じずに暮らすことができています。

さらに最近は、このベンチにもう1つ新しい役目が加わりました。子どものお絵描き用テーブルです。

ベンチは高さが42㎝あるので、そのままでは子ども用テーブルとして高すぎます。

ダイニングのベンチをソファの前に一時的に移動して、カフェテーブルとしても使用。

ところが、これを部屋の片側に寄せると…26㎝のテレビ台がキッズチェア代わりになりました。

実はこれ、子どもが思いついたもの。ひとりでベンチを移動させてテレビ台に腰かけ、お絵描きしていたことがきっかけです。ベンチの天面をラッピングするように紙で包み込み、マスキングテープで固定すると、ダイナミックにお絵描きできます。

こんなふうに、家具を多用途に使うための必需品が「クッションシート」。家具の脚に貼りつけておくと、フローリングの上をスルスルと押して動かせるというお役立ちアイテムです。防傷、防音効果も得られるので、わが家ではほとんどの家具の脚元にシートを貼りつけて使っています。

小さな部屋に暮らしているからといって、家具をすべて小さなサイズでそろえたり、極端に家具の量を減らしたくない…。そんな場合は、**多目的に使える家具を採用してみるのも、スモールスペースには効果的**なようです。

家具を兼用することで、空間を広々と使えるだけでなく、メンテナンスの手間も減るから、今ある家具の手入れが行き届きやすくなると感じています。

❶いつもはダイニングテーブルのベンチとして使用。❷テレビ台を椅子代わりに、ベンチをテーブル代わりに使ってお絵描き中の子ども。愛用しているのはIKEAの「お絵描き用ロール紙」。❸好きなサイズにカットして使える無印良品の「キズ防止用フェルト」を愛用。❹スタッキングチェアは、テーブル代わりにも使えます。

チョイ置きしてしまうものにこそ定位置を

ものが多くても部屋をすっきり見せるには、ものの定位置を決めることが大切です。定位置のないものを、あちこちにチョイ置きしていると、すぐに部屋は雑多な印象に。そんなことは十分わかっていて、意識もしている…。それなのに、うっかり定位置を決め忘れることがよくあります。とくにわたしが忘れがちなのは３つ。**「借りもの」「いただきもの」**、そして**「家族が長時間持ち出すもの」**です。

たとえば、「借りもの」。収納スペースの少ないわが家では、よく図書館で子どものの絵本を借りてきます。

はじめのうちは「すぐ返すから」と、定位置をつくらずにいました。そうすると絵本をあちこちに置いてしまい、返却期限が近くなって探しまわることも、しばしば。そこで、手持ちのカゴを借りてきた絵本の一時置き場にしたところ、誰が読んでも必ずそこに絵本が戻ってくるようになりました。

次に「いただきもの」。ついチョイ置きをしてしまういただきものは、メインの収納スペースに収まりきらなかった場合に備えて、余分の定位置をもうけています。

消費ペースが早い水や紙おむつ、ペット用のシーツなどのかさばるストック品も、同じく余分の定位置をもうけるとよいタイプです。

最後は、「家族が長時間持ち出すもの」。その代表例が自宅の鍵です。定位置がなかった頃は、ポケットやバッグに入れっ放しだったり、ダイニングテーブルの上に置きっ放しだったり…。

これも、玄関横の収納スペースに定位置をつくり、帰宅後、鍵を玄関のトレーに置く流れにしたことで解決。探しまわることがなくなりました（P57参照）。

定位置づくりを忘れがちなものは人によって違います。例をあげると、腕時計、携帯電話、充電器、コート、手袋、日焼け止め、処方薬など。

いつも何かが出しっ放しになっていると感じる場合、こういったものの定位置づくりを忘れていないか、チェックしてみるとよいかもしれません。

ソファの後ろに置いた手持ちのカゴが図書館から借りてきた本の定位置。ソファの後ろは「死角」になるので、カゴを置いておいても、さほど気になりません。

靴を玄関からすべてしまってみる

最初に人を招き入れる玄関は、住まいの第一印象を左右するとても大切な場所。**出しっ放しのものさえなければ、それだけでかなり玄関の印象はよくなる**ように感じます。

玄関で出したままになりやすいものといえば、もちろん靴です。わが家では、すべての靴に定位置を決めて、家にいる間も、使うとき以外は靴箱の中に収めています。

といっても、玄関の収納スペースが十分でないことも。そんなとき、わたしが最初にするのは、靴箱の棚板を増やすことです。ダボ穴が空いていれば、ホームセンターで板とダボを購入するだけで簡単に収納スペースを増やせます。収納家具を新たに購入するより安価なことが多いので、賃貸マンションでもおすすめです。

それでも収まらない場合は、オンシーズンの靴とオフシーズンの靴を分類。玄関にはオンシーズンの靴だけを残し、オフシーズンのものは玄関以外の場所に収納します。

それでもまだ収まらないときは、家族それぞれがメインで履いている靴を「3足だけ」選んで玄関に。残りはシューズボックスに入れて玄関以外の場所で重ねて収納したり、シューズバッグに入れてカゴに立てて収納したり。

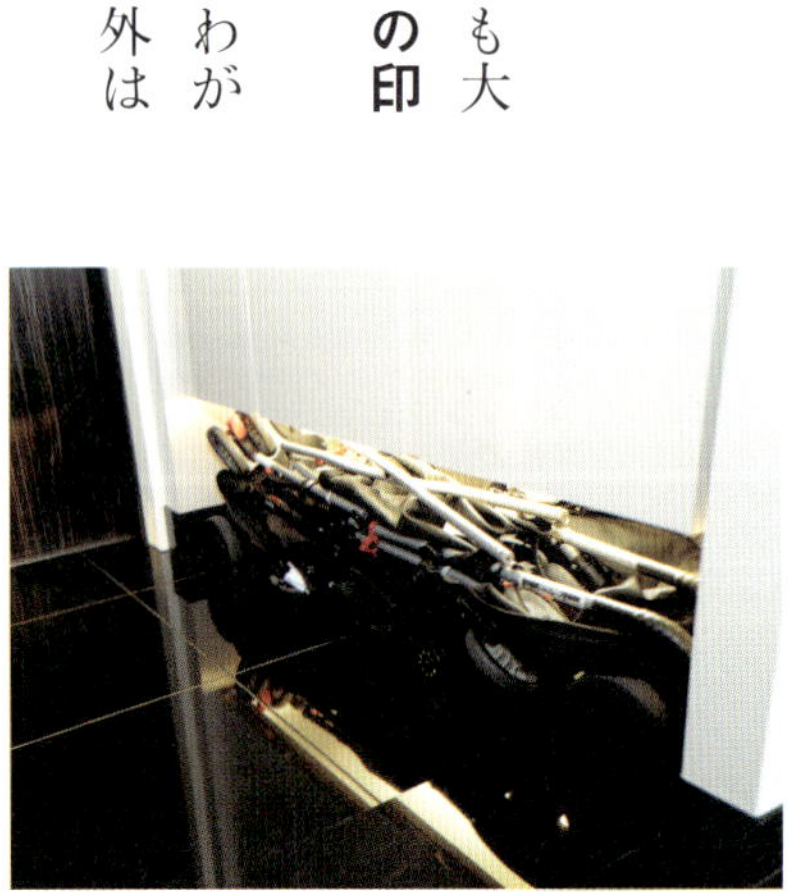

ベビーカーはたたんで左手の靴箱下に収納。スペースにあうサイズを購入しました。

使うとき以外、玄関には何も出さないように気をつけています。左手の収納スペースに家族全員の靴と雨具、右手にスリッパや日用品のストックを収めています。

今の家に引っ越す前は、わが家も玄関収納が少なかったので、この方法で収納していました。玄関先に出ている靴に飽きてきたら、別の場所に保管している靴と入れ替えれば、その時々の気分で楽しめます。

狭い玄関にムリにすべてのものを収める必要はありません。使用頻度を考えながら、自由な発想で収納場所を決めていくことで、玄関もすっきり保てるように思います。

靴は使う人別に仕分け、高さにあわせて棚板を調整。スニーカーは男女で高さに差がないので、夫婦のものは同じ棚に入れています。一番下の空間には、ロングブーツなど高さのある靴を収納。ブーツの中にシューキーパーを入れ、左右交互に突っ張り棒にかけて収納すると、空間をムダなく使えます。手前にはシューズラックをＤＩＹして子どもの靴を置いています。左手下のスペースには長さのある傘や靴べらなどをまとめて。一カ所に集中させると効率よく収納できます。

玄関収納の意外な使いかた

わが家では日用品をインターネットで購入しています。購入した日用品は、ダンボール箱に入った状態で玄関先に届くことがほとんどです。そのため、玄関の収納スペースに宅配便受け取り用の印鑑とカッターナイフの置き場所をつくり、届いたその場で開梱しています。

そこから一歩も動かず収納できると便利なので、玄関に日用品のストック置き場をつくってまとめて置き、「ストックはそこに入るだけ」というルールにしました。

日用品のストックについて、いろいろな収納の仕方や考え方があるかと思いますが、よく見かけるのは、次の2つのようです。

● **使う場所に置く**
● **一カ所にまとめて置く**

「家族が長時間持ち出すもの」の代表例である鍵は、玄関を定位置に。持ち主ごとにトレーを分けて。印鑑(シルバーの棒状のもの)も玄関に置いておけば、宅配便の受け取りがスムーズ。

使う場所に置けば、買ってきた商品をあちこち収納してまわる手間はかかりますが、補充するときに手間がかかりません。まとまった収納スペースを確保する必要がない反面、ストックが家中に点在するため、在庫管理はむずかしくなります。

反対に、一カ所にまとめて置けば、補充のたびに収納スペースまで移動する手間はかかりますが、購入した商品を収納するときの手間が抑えられます。まとまった空間を用意する必要はあるものの、ストックの一覧性が高いので、在庫管理は簡単です。

わが家で採用しているのは、「一カ所にまとめて置く」スタイル。

忘れっぽいわたしにとって、**ストックを一カ所にまとめて収納する最大のメリットは、在庫管理のしやすさ**です。

収納スペースの扉を開けて全体を見渡すだけで、何が不足しているのか一目瞭然。収納場所をあちこちチェックしてまわる手間も省けます。この仕組みのおかげで、買い忘れ、買いすぎが減ったのも、うれしいメリットでした。

さらにストック管理をラクにするため、半透明のボックスを用意して、使用する場所ごとに分類しています。たとえば、食器用のスポンジなら「キッチン」、シャンプーなら「お風呂」のボックスに入れておけば、家族にストックの場所を尋ねられることもありません。

補充するたびに玄関の収納スペースまで取りにくる手間はかかりますが、わが家は59㎡。ほんの数歩のことなので、今のところ「補充時に歩く手間」より「収納時のラクチンさ」が勝り、大きな不便を感じることはありません。

どちらの手間がよりめんどうか、在庫管理が得意か不得意かなど、自分の性格やクセを考慮しながら収納場所を選ぶと、日用品のストック管理がラクになるように感じます。

❶玄関に入って右手にあるストック置き場。ハンカチ、ティッシュ、鍵など、外出時に使うアイテムの定位置に。無印良品の「ポリプロピレンメイクボックス」は、使いやすさを考えて、持ち手部分が空いたタイプでそろえています。❷丸囲みの場所に置いているのは母子手帳ケースとして使っている無印良品のパスポートケース。夫も使いやすいように、シンプルなデザインのものを選んでいます。❸ハンカチは持ち主ごとに分類し、ボックスに持ち主のイニシャルをラベリング。

ぎゅっと詰めていい場所、悪い場所

ものがたくさんあるからといって、すべての収納スペースにものをぎゅっと詰め込んでしまうと、量は持てても、ものを出すのも大変、戻すのも大変。

ある程度、余裕を持った収納にしないと、使い勝手が悪くなることから、整理収納のセオリーでは「8割収納(*)」が推奨されています。

といっても、59㎡のマンションに、親子3人＋愛犬1匹が一緒に暮らしているわが家。すべての収納スペースを8割収納に抑えようとすると、かなりのものを手放さなくてはなりません。

性格的に、「家が狭いから、それにあわせて少ないもので暮らさなくてはいけない！」と自分を追いつめるのも苦手です。けれども、よく使うものを詰め込み収納にしていると、暮らしづらくなるのは経験済み。

そこで、このセオリーを自分にあうようアレンジすることにしました。

よく使うものを1軍、頻繁には使わないものを2軍に分類します。**1軍は収納スペ**

よく使う1軍のおもちゃは、収納ボックスに対して2割のゆとりをもたせて8割収納にしておくと、取り出しやすい。

ースの中でも、出し入れしやすいゴールデンゾーンにゆったりと8割収納で、2軍はちょっと使いづらい場所にぎゅっと10割収納で収めます。

そうすることで、ムリにものを手放さなくてもよくなったうえ、日常的なものの出し入れはストレスフリー。心地よく暮らせるようになりました。

「常識」とされている収納のルールでも、納得できなければ疑ってみていいように思います。

常識をアレンジしてできあがったマイルールが、その他100人にとって「非常識」なルールでもまったく問題ありません。「わが家」に暮らしているのは、自分たち家族だけ。自分たちにあった方法で、ムリなく続けられる収納を取り入れることが、隅々まで行き届いた生活につながると思っています。

＊8割収納　2割の空きを持たせた詰め込まない収納のこと。

家づくりや整理収納のセオリー

インテリアであれば…

- ベースカラー70%、アソートカラー25%、アクセントカラー5%
⇒部屋の印象がまとまる
- 家具の配置
⇒窓をふさがないと開放感アップ
- 照明の数
⇒数を増やすと奥行感アップ

など

片づけであれば…

- 8割収納
⇒ものを出し入れしやすい
- 動線上に収納スペースをもうける
⇒散らかりづらい
- 定量・定番・定位置を決める
⇒ものを管理しやすい

など

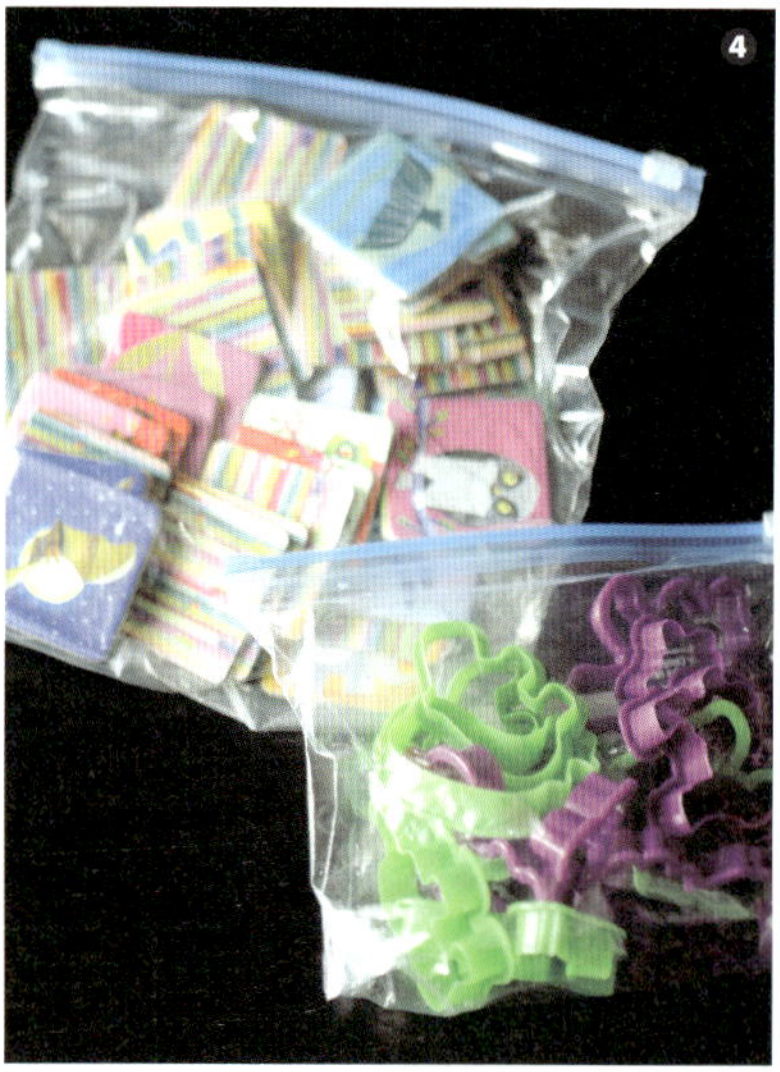

❶ダイニングに置いたシェルフ。下の位置に１軍のおもちゃ。左上の黒い箱には２軍のおもちゃを収納。❷おもちゃの分類は「子ども目線」で種類や素材ごとに。バスケットには「のりもの」が入っています。当初わたしがした「車」「電車」の分類は、いつの間にか子どもによって統一されていました。遊んでいる本人が使いやすい分類方法が一番のようです。❸使用頻度の低い２軍のおもちゃは、蓋つきの箱の中に10割収納。ぎゅっと詰め込んでいても、蓋があると中を隠せるので便利。普段は使わないので多少出し入れしづらくても困りません。❹かさばるパッケージはすべて処分し、中身だけを種類ごとに保存袋で分類。

遊ぶ場所におもちゃを収納

実はわたしは、昔、母にいくら注意されても片づけに興味を持てない子どもでした。

それがあるとき、5つ年上の従姉妹の部屋に招かれてびっくり！　美しく機能的に整えられた様子に衝撃を受け、インテリアに目覚めました。

そんな自分の経験から、親が「片づけなさい」と言い続けることで、子どもが片づけを嫌いになることはあっても、好きになることはないと思っています。

子どもが小さいうちは「片づけ＝イヤなこと」だととらえず、遊びの延長として楽しめたら十分なのかもしれません。親子でおもちゃを片づける早さを競ったり、小さなブロックをほうきとちりとりで集めて掃除ごっこをしたり。

片づけが遊びになれば、子どもが単なる散らかし屋さんから、片づけのパートナーに変身する可能性大。

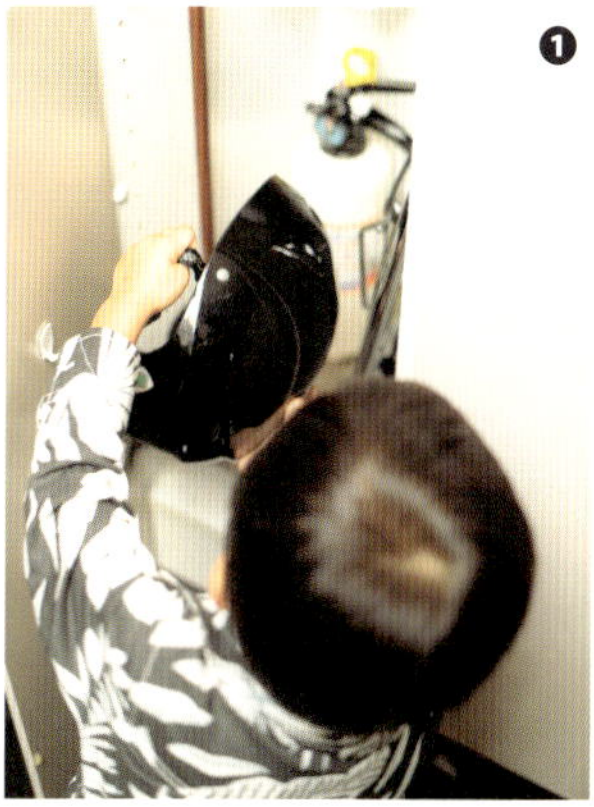

❶大人を真似て、帰宅したら自分でヘルメットを片づけるように。❷食事の前や寝る前などに声かけすると、遊び終わったおもちゃを片づけてくれます。完璧にできなくてもOK。❸スリッパを脱いだら自分で片づけてくれます。子ども用のスリッパはカラフルなものではなく、わたしたち夫婦が使っていたバブーシュ（やわらかい革製の室内履き）のキッズサイズを。パパっ子なので、なんでも夫と同じものを使いたがります。

そのためにも、下の表にあるような、子どもが思い立ったときに自発的に片づけられる環境づくりには注力してきました。

片づけやすい仕組みとあわせて、散らかりづらい仕組みも取り入れると、さらに親の負担は軽くなるように感じます。

たとえばおもちゃの場合、子どもが遊ぶ場所と収納する場所を同じにすれば、散らかる範囲は最小限に抑えられます。

もしも、子どもがリビングで遊ぶことが多いのに、別室におもちゃを収納しているとしたら、その2カ所が散らかる確率が高めです。でも、遊ぶ場所のリビングに収納すれば、散らかるのは1カ所だけ。

わが家でも、おもちゃ類はダイニングのシェルフに収納しています。部屋の真ん中に置いたテーブルが間仕切り代わりなって、

「自発的に片づけられる環境づくり」5つのポイント

● おもちゃの収納は遊び場の近くに

しまう場所と使う場所が近いと、出し入れが簡単、散らかる範囲も最少限です。ママが長時間過ごす場所のそばに遊び場をもうけると、子どもが集中して遊んでいる間、目を離さずにホッと一息つけるメリットも。

● 収納場所は成長とともに見直し

おすわりの頃、ハイハイの頃、あんよの頃…と、子どもの目線はめまぐるしく変わるので、収納のゴールデンゾーンも激変します。そのつど、定位置を見直して、子どもが自由におもちゃに触れられるように。

● 簡単収納、8割収納

ワンアクション以上の収納や10割収納には、かなり高度な片づけスキルが求められます。わが家では子どものおもちゃや衣類などは基本的にワンアクション収納、7～8割収納を心がけています。

● 子どもが納得できる分類

いったん大人がおもちゃを分類して収納したら、実際に子どもに使ってもらいながら調整します。子どもは大人が思いつかないような分類でおもちゃを区別していることがあるので、戻しづらそうだなと思ったら、子どもの意向にあわせて変更を。本人が納得できる分類であれば、片づけがスムーズになります。

● 5分で片づけられる量に

食事の前、外出の前など、親子でおもちゃを片づける際、5分以内で終えられる量。それが、おもちゃの適正量だそうです。片づけに時間がかかっていると感じたら、一部を別の場所に移すなどして調整します。

リビング側にまでおもちゃが散乱するのを防ぐ効果もあるようです。

収納方法のポイントは、子どもの様子を観察して、そのとき一緒に遊んでいるものを一緒に収納すること。

たとえば、おもちゃのレールと積み木を一緒に収納していると、子どもがレールで遊びたいときに、遊ぶ予定のない積み木までもが散乱することがあります。そんなときはあらかじめ、2つに分けて収納すれば問題は解決です。

小さな子どもと暮らしていると、言葉だけで相手に何かを伝えるのがむずかしいことがあります。

そのつど叱ったり注意したりすることも大切かもしれませんが、環境を整えることで問題が解決できるなら、積極的にそちらを採用したいと考えています。

年に1冊のアルバム注文で写真整理

「思い出の品」を手にするだけで温かい気持ちになったり、見るだけで元気になれたりするなら、ムリに手放す必要はないと思っています。

でも、単に時間が経ってなんとなく手放しづらくなったものが、思い出の品として繁殖しはじめたら、狭い家では特に収集がつかなくなるので要注意！

たとえば、旅先でもらった地図や切符、美術館のチケットなど。持ち帰ったときは特に思い入れもなかったのに、時間とともになんとなく貴重に思えて手放しづらくなってしまう…。わたしの場合、よくあるパターンです。後々、処分するかしないかで葛藤したくないので、最近は持ち帰らなくなりました。

情報が古くなると使えなくなるガイドブックも、旅行が終わったらすぐ手放します。デジカメで撮った写真は、プリントした瞬間に捨てづらくなるので、よっぽどのもの以外は印刷していません。

それでも「これだけは残しておきたい」というものが出てきたら、思い出箱へ。夫婦で1つ、子ども用に1つ、思い出箱を用意して、そこからものがあふれてきたら中身を見直すようにしています。

子どもの思い出の品の代表的なものがアルバム。わが家では、Ａｐｐｌｅのプリントサービスを利用しています。これは、Ｍａｃの写真アプリケーション上でコラージュしていくだけで写真集ができあがり、そのまま印刷の注文までできるというもの。

　市販のアルバムのように、写真を個別に印刷する手間がない点と、ページの増減に制約がない点、写真の配置や大きさを自由に変更できる点が気に入っている理由です。

　子どもの誕生から現在まで、アルバムは1年に1冊のペースで作成し、自宅用と祖父母用に合計2冊ずつ注文しています。

　子どもの成長とともに、どんどん増えていく思い出の品々。

　時間が経つほど気持ち的にも手放しづらくなるので、**できるだけ早めに管理方法を決めておくと、あとがラク**なようです。

3歳のアルバム、最後のページは、子どもが保育園から持ち帰った作品の一覧に。写真に収めることで、作品そのものを気持ちよく手放せるように思います。

＊参考サイト

・Apple：フォトブック　http://www.apple.com/jp/mac/print-products/

CHAPTER

3

コックピットのように機能的なキッチン

実は、わたしは料理が得意ではありません。
レシピを見ないと何もつくれないうえ、
炒めものやパスタなどは、気が焦るばかりで一向にうまくできません。
だからこそキッチンは、そこに立った瞬間、
「気持ちいいな」「使いやすいな」と
感じる場所であって欲しいと考えています。
ここからは、料理下手でも立ちたくなる
使い勝手のよいキッチンづくりのアイデアをご紹介します。

料理が楽しくなる道具をそろえる

わたしは、料理中の「時間に追われる感じ」が苦手です。それなのに、がんばって一汁三菜を意識したメニューを準備しようとすると、どうしても毎回バタバタしてしまいます。

そんなとき目にしたのが、料理研究家、有元葉子さんの「2品献立をバランスよく」という言葉。たしかに**主菜と副菜の2品だけがんばれば、あとはごはんとおみそ汁だけで十分**かもしれません。そう思うと気がラクになり、野菜を切ったり、肉や魚を味つけしたりといった先取り調理をする心の余裕が生まれました。

それに加えて、平日は時間に追われる主菜はつくらず、煮物やシチューのような食べる直前に慌てないメニューを取り入れることに。すると、料理を楽しむゆとりも生まれました。

苦手なところが少し克服できてきたら、次は料理で好きな工程を探してみました。見た目を整えるのが好きなわたしは、ランチョンマットや小皿、箸置きなどを使って料理を飾るのが大好きです。そんな小さな「好き」を食卓に取り入れることで、楽しく料理を続けられているように感じます。

❶野菜をゆでて保存容器にストックしておくと、すぐ食卓に出せるので便利。中身が見えるように透明の容器を選んで。❷鶏肉をオリーブオイルとレモン・ハーブ・塩でマリネしておけば、あとはオーブンで焼くだけ。有元葉子さんのレシピを参考に。

手前にあるグリーンのトレーは、子どもが１歳の頃から大活躍してくれた「Tidy Table Clip Tray」。大きなクリップでテーブルに取りつけるタイプなので、小さな子どもが触っても動きません。手前が立ち上がっているため、床への食べこぼしも最小限。水洗いできるので、清潔に保ちやすいのも◎。18カ月から５歳まで使用できる商品ですが、わが家ではそろそろ卒業の予定なので少し寂しい…。

調理の流れにあわせて収納を決める

飛行機のコックピットのように少ない動きであらゆる用が足せること。それが、狭い家で暮らすことの利点の1つだと感じています。たとえば、狭いわが家のなかでも、特にわたしが「狭くてよかった！」と思っている場所がキッチンです。

冷蔵庫からシンクまで半歩、シンクからコンロまでも半歩、ゴミ箱や電子レンジは振り返ればそこにあるので、何をするにもスムーズ。まさに飛行機のコックピットのような空間です。

そんな狭いキッチンを、さらに使い勝手よく整えるには、道具類の収納場所も重要な鍵を握っています。

「❶食材を冷蔵庫から取り出す」→「❷シンク横に食材を置く」→「❸シンクで食材を洗う」→「❹食材を切る」→「❺コンロで調理」→「❻完成した料理を盛りつける」→「❼配膳」→「❽食後の食器洗い」→「❾食器を吊り戸棚へ片づける」。

食材の取り出しから片づけまでの一連の流れにあわせて、「どこで使うか?」「何と一緒に使うか?」を意識して収納場所を決めておけば、少ない動きであらゆる用を足すことができます。

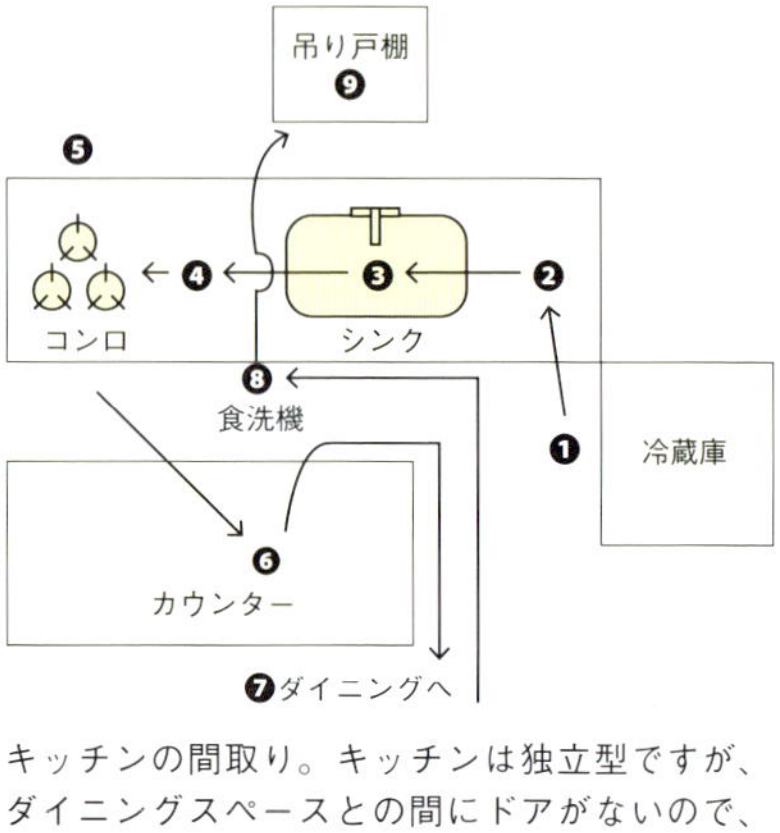

キッチンの間取り。キッチンは独立型ですが、ダイニングスペースとの間にドアがないので、配膳や片づけ時の移動がスムーズ。

飛行機のコックピットのようなわが家のキッチン。扉を閉めた状態では、すっきりして見えますが、実は扉を開くと、たくさんの道具類が収納されています。

たとえばシンクの下には、調理の下ごしらえで使うボウルやざる、包丁も一緒に収めます。こうしておけば、シンクで野菜を水洗いするときや、カウンターで洗った食材を切るときに、一歩も動かずボウルや包丁など、必要なものが取り出せます。

コンロの下にはフライパンや鍋、すぐそばにはツール類と調味料を収納。フライパンをコンロに置いたら、一歩も動かず、片手でサッとトングなどのツールと調味料を取り出して調理できます。

シンクとコンロの間にある食洗機の近くには、毎日使う食器類の収納スペースを確保。

シンク上の吊り戸棚には主に普段使いの平らな食器を、シンク背面の吊り戸棚にはマグカップや小鉢、小皿を収めています。なるべく一種類ずつスタッキングしておけば、出し入れがスムーズに。

また、食器は基本的に食洗機対応の素材で、食洗機に収まりやすい形のものを選ぶと、片づけがうんとラクになるように思います。

❶鍋やフライパンはコンロ下に収納。フライパンの幅にあわせて仕切りが調整できるステンレスのスタンドを追加して。フライパンは取っ手を上にして立てて収納すると、片手でサッと取り出せます。❷ルクルーゼの鍋は重ねず収納したいので、冷蔵庫の上を定位置に。落下防止にストッパーを取りつけています。

❶シンク上の吊り戸棚を全開したところ。左手のコンロ側には、調理中すぐ取り出せるように調味料を収納。中央には普段使いの食器を収納して、料理ができたらすぐに盛りつけられるように。右手の冷蔵庫側にはグラスを収納。右下の小瓶は常備薬。手にしたグラスに、右隣の冷蔵庫から取り出した水を注いで薬を飲む…という流れ。❷棚板にハンガーバスケットを吊り下げ収納力をアップ。❸シンク背面の吊り戸棚。重ねても高さが出ない小鉢や小皿、スタッキングできないカップ類は、棚板を増やして収納。

食後、食洗機で洗い終わった食器類を取り出したら、そのまま吊り戸棚に手を伸ばすだけで片づけ完了です。

冷蔵庫側にある一番右手のカウンター下には、食品の保存に使うラップや保存容器を収納。食材の残りにラップをかけたり、つくりおきのおかずを容器に移したら、すぐ右隣にある冷蔵庫の中へ。

キッチンでの一連の流れを思い浮かべながら収納場所を整えることで、**調理中に一歩も動かず、手を伸ばすだけで事足りるコックピットのようなキッチン**が完成します。

もちろん、キッチンのつくりや広さによっては動線に沿った収納がむずかしいことも。

そんな場合は、まずシンク周り、ガス周り、そして調理スペースを、なるべく広く使えるよう工夫して、その近くに使うものを収めるところからはじめると、コックピット化がうまく進めやすいように感じます。

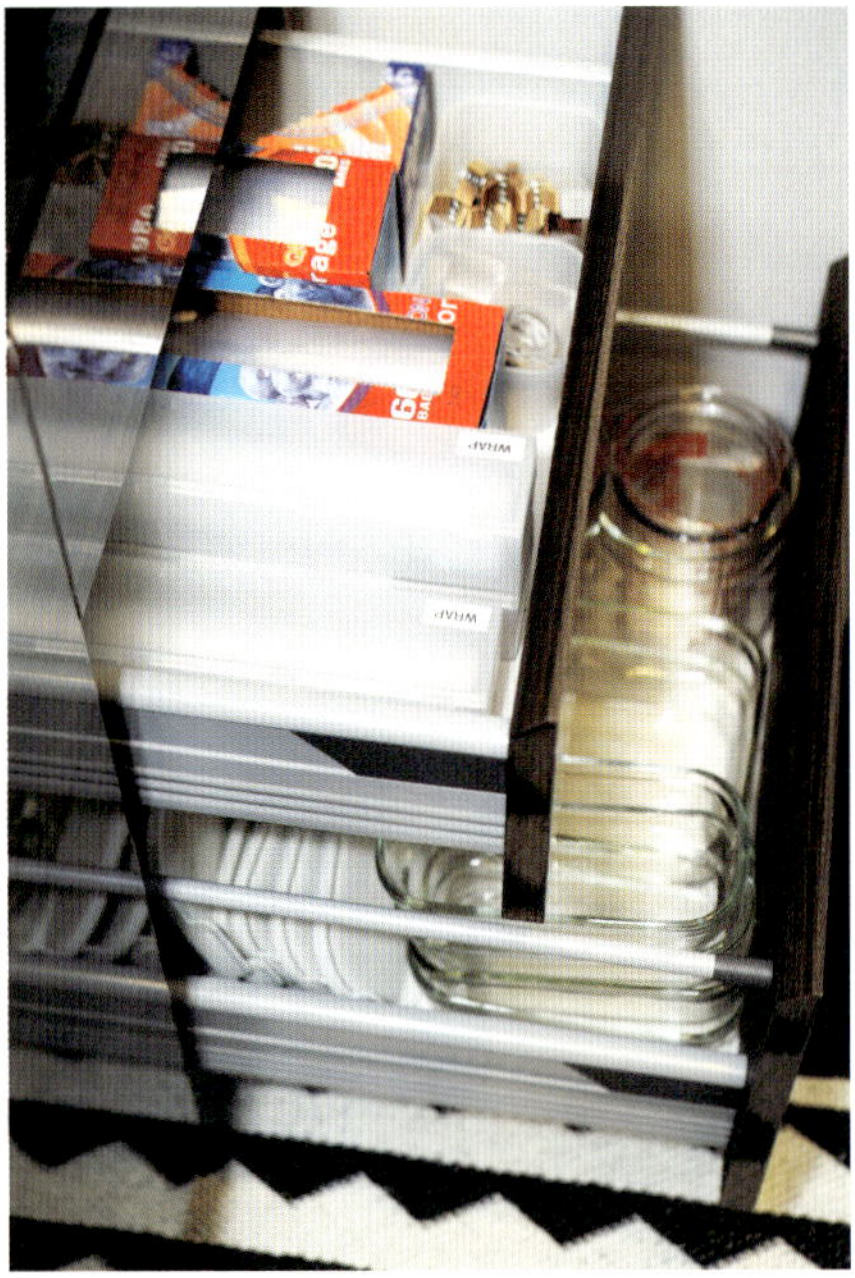

保存容器は、中身が一目でわかる透明のもので統一。蓋と容器を分け、重ねて収納することで収納力アップ。

キッチンに立つ時間が楽しくなる小さな知恵

コックピットのように効率よく整えて、片づけやすく、掃除しやすくしておけば、毎日、気分よくキッチンに立つことができます。

ここでは、料理が苦手なわたしが、少しでも楽しくキッチンに立つために活用している商品やアイデアをご紹介します。

❶わが家にある、おろし道具一式。左から順に、チーズを粉状にするゼスターグレーター、短冊状にするロータリー式、スライスする専用ナイフ。丸いセラミックおろしは大根用と薬味用。❷家族に配膳のサポートをお願いするときは、カトラリーをセット化しておくとスムーズ。入れものごとテーブルに運ぶだけでいいので、小さな子どもでも上手にお手伝いできます。❸使い方が覚えられなくて使用頻度が下がっている調理器具があったら、取説の一部をコピーして、使う場所のそばに置いておくだけで問題解決。道具を片手に取説をチェックすれば、すぐ使いはじめられます。❹ステムの長いワイングラスの代わりに、ボルミオリ・ロッコの「ボデガ」を普段使いしています。ステムがないから食洗機で洗いやすいうえ、小鉢代わりにしたり、デザートカップにしたりと、多用途に使えて便利です。❺揚げもの、炒めもののときに「オイルスクリーン(*)」を愛用中。蒸気は逃しつつ油はねを防ぐすぐれもの。丸洗いできてお手入れも簡単。

＊参考サイト

・ミネックスメタル：オイルスクリーン　http://www.minexmetal.co.jp/japanese/katarogu/sifter.html

COLUMN

賞味期限切れを防ぐ食品ストック

小さな家に大きなパントリーを望むのは、贅沢なことなのかもしれません。もちろんパントリーのないわが家では、シンクとコンロの背面にある戸棚に入る分だけ食品をストックしています。

気づけば賞味期限切れの食品がちらほら発見されることが何度もあったため、最近は主に定番の乾物、麺類、お茶、粉類、調味料、缶詰だけをストック。**軽いものほど上に、重いものほど下に、重さで分けて収納**しています。

目線の高さにある吊り戸棚には、比較的軽めのストックを。棚1段に半透明の収納ボックスを4つ並べて入れています。

調味料や缶詰といった重さのあるストックは、カウンター下の収納スペースへ。調味料の大きな瓶を立てて収納できるよう、棚板は外し、その横に引き出しを2段入れました。

食品ストックの量にはルールを決めています。切らすと困るもの、消費スピードの早いものは、多少多めに持ってもOK。切らしてもなんとかなるもの、消費スピードの遅いものは、少し割高でも小さいサイズを選び、使いきってから追加します。

❶吊り戸棚には食品ストックを収納。ここでも、半透明で中身がわかる無印良品の「ポリプロピレンメイクボックス」が活躍。持ち手部分が空いていると、高いところに細々したものをまとめて置いても、出し入れしやすく便利。❷粉物は1カ月で使いきれるサイズを選び、袋のまま収納。開封口を三角に折って袋止めクリップで留めるだけで、こぼれにくくなります。❸カウンター下の食品ストックは重さのあるものが中心。

たとえば、切らすと困る液体調味料は、１升瓶サイズなら１本、中瓶サイズなら２本が、わが家の定量です。残りが詰め替えボトル１回分くらいになった頃、新たに注文すると、うまく回転します。

消費スピードの早いパスタは保存ケース２つで管理。５００ｇ入り、３袋を１ケースにまとめて保管し、１ケース使いきったところで３袋を追加します。

万が一ストックを切らしてもなんとかなる乾物類は、１袋すべて使いきってから新しいものを購入。中途半端に残ると使いづらいので、半端な量が残ったら少し多めに調理して使いきります。

カウンター下には、約５キロのお米が入る野田琺瑯《ほうろう》のラウンドストッカー（左ページ写真❸右上）を２つ常備して、お米を保管しています。内側にシール蓋がついているので密閉することができ、ホコリやニオイの混入も防げるようです。

お米をいただくなどして、ここだけで収まらなくなったときは、クローゼットのスチールラック最下段の黒い密閉容器に一時置き（Ｐ93参照）。おかげで、あふれたお米をリビングにチョイ置きすることがなくなりました。

日用品と違って、消費期限のある食品は管理がむずかしいものの１つですが、なるべくムダにせず、おいしく食べきりたいと思っています。

❶キッチンで使う台拭きは「白雪ふきん」を、食器拭きと手拭きにはリネンのクロスを愛用しています。白雪ふきん１枚＋リネンのクロス２枚を１セットにして収納しておけば、一度に取り出せて便利。クロス類は白で統一することで、まとめて煮沸洗浄しやすくなりました。❷ビニル袋やビニル手袋などはケースに詰め替えて、１枚ずつ取り出しやすくしています（*）。❸カウンター下には、じゃがいもなどの根菜もストックしています。

＊参考サイト

・mon・o・tone：キッチン消耗品用ケース　http://www.rakuten.co.jp/mon-o-tone/

食材の購入は週1回だけ

わが家では、主婦であるわたしだけでなく、料理好きな夫も頻繁にキッチンに立っています。

そうなるとむずかしいのが食材管理。お互いストック管理が得意でないせいか、冷蔵庫の奥から干からびた野菜が出てきたり、使おうと思っていた食材が見当たらなかったり。

なんとか、冷蔵庫にある食材をムダにしない方法はないかと考えた結果、これまで「なんとなく食べたいもの」を選んでいた買い物の仕方を、**きちんとメニューを決めて、必要な食材だけ購入するスタイルに変更**しました。

先ほど紹介した有元葉子さんの「2品献立をバランスよく」を参考に、毎週末、肉・魚・野菜・果物のバランスを見ながら、夜ごはん5日分の主菜と副菜、朝ごはんのメニューを決めて、週に1回、インターネットで注文。つくる順番は特に決めず、その日食べたい主食＋副菜セットを選んでつくる仕組みです。

メニューを5日分しか決めない理由は、食材を使いきるため。2日分の余白があれば、肉や魚など1パックすべて使わなかったり、キャベツが半分残ったりしても使いきることができます。万が一足りない場合は、必要なものだけ近所で買い足せばいい

使いかけのニンニクやショウガは、ココットに入れて野菜室手前の専用スペースに。目につきやすくすることで、使い忘れを防止。

し、「今日はどうしても〇〇が食べたい」「今日は食事に出かけたい」という場合でも、余白で調整できるから安心です。

メニューを決めて夫婦で共有することで、「パプリカは使う予定があるから残しておこう」「ズッキーニは余分だから使っても大丈夫」と、お互い気遣いながら気持ちよく料理できるようになりました。

日々のメニュー決めのストレスから解放されてラクになったうえ、最近は食材を余らせることも少なくなったかな?と感じています。

よく利用している
食品のネットショップ

Amazon定期おトク便

定期おトク便で商品を注文すると、最大10%の割引価格が適用されます。定期便といっても「次の便はキャンセル」「次の便は今すぐ発送」など、管理画面上でフレキシブルに変更可能。定期便を申し込んだけど商品が気に入らなかった…という場合は、いつでもキャンセルできます。詳しくはサイトで。

http://www.amazon.co.jp/b?node=2799399051

● よく買っているもの
シタデールのメープルシロップ
マルホンの太白ごま油　など

楽天24

大半の商品が「あす楽」対応なので、12時までの注文で翌日配送。楽天ポイントがつくうえ、「○円以上の注文で10%割引」といったクーポンキャンペーンも頻繁に実施しています。取り扱い商品は日用品から食品、医薬品、ペット用品、家電までバラエティー豊か。1,880円以上(税抜)の注文で送料無料。

http://24.rakuten.co.jp/

● よく買っているもの
井上古式じょうゆ
三州三河みりん
村山造酢千鳥酢　など

Oisix

農薬や添加物の使用を制限したり、放射性物質について厳しい検査基準をもうけたりと、食品のおいしさだけでなく安全性の面でも定評のあるネットスーパー。注文がインターネットだけで完結するところ、受け取り日時を比較的自由に変更できるところも◎。「牛乳飲み放題プラン」(月額980円(税抜))がおトク。楽天IDでの決済も可能。

http://www.oisix.com/

● よく買っているもの
食品全般

調味料の詰め替えは美しいけれど…

色や形が不ぞろいな調味料のボトル。おそろいの容器に詰め替えて収納すれば、戸棚の中がすっきり整い、開けるたびにうっとり。使い勝手もよくなって、料理上手になった気分が味わえます。

でも、どこまで詰め替えるのかについては、自分がその手間を続けられるかどうかで変わってくるようです。

たとえば、酒、みりん、オリーブオイルといった基本の調味料。家族が増えて食事をつくる回数や量が増えたため、わが家では1ℓ以上の大きなサイズで購入するようになりました。調味料を小瓶で買ってそのまま使っていた頃より、買い物の頻度が減って管理がラクになったのはいいのですが、そのまま使うには大きすぎます。

そこで、専用のボトルに詰め替えてみたところ、計量がとってもラクになりました。

一方で、スパイス類の詰め替えは難航しています。使用頻度が低いこともあって、オリジナル容器のままでも特に不便を感じていなかったのですが、見た目が不ぞろいなのは気になります。

おそろいのスパイスボトルに詰め替えてみたところ、見た目は美しく整いました。ところが、小さな容器がいくつも並んでいると、料理中、見分けづらいというデメリットが。

しかもボトルは食洗機非対応。「使いきって洗う」→「乾かす」→「詰め替える」作業がめんどうで、気づけば小瓶のまま使っていることもしばしばです。

収納用品と同じで、詰め替え容器も**まずは1つ購入してみて、「詰め替える価値がある」「これなら継続できる」と確信してから、数をそろえる**べきでした。

詰め替えることで得られるメリット以上に、「詰め替え自体がめんどうだ」と感じるなら、ムリに手間をかけなくてもいいのかもしれませんね。

❶キャップ以外すべて食洗機対応の詰め替えボトル。簡単に清潔に保てるので、詰め替えの負担を感じません。❷コンロ側の吊り戸棚の上段には、砂糖と二種類の塩を取っ手つきの容器に詰め替えて収納。小さじスプーンが入っているので、計量もスムーズ。下段には液体調味料を収納。大瓶で購入している基本の調味料は詰め替えて、使用頻度の低い調味料は小瓶でそのまま使っています。ターンテーブルにのせておけば、奥のものを取るとき手前のボトルを倒してしまうことがありません。

CHAPTER

4

小さな空間を隅々まで活用する

暮らしの隅々まで目が届きやすい、
日常的な動作にムダが少ない、
必然的に家に取り入れるものに対して慎重になる…。
小さな家に暮らすメリットは、意外とたくさんあるようです。
そんなメリットを活かしつつ、
持ちたいものを大切に管理しながら、
すっきり片づいた部屋で、快適に暮らしたいと思っています。
ここからは、小さな空間を上手に使いきるコツをご紹介します。

method
8X LAUNDRY
DETERGENT
FRESH AIR
AIR FRAIS

洗濯が楽しみになるランドリー収納

キッチン収納と同様に、コックピット化することで家事が劇的にラクになる場所があります。

それは、洗濯スペース。わが家では洗面所が、その場所です。

洗濯の際の動線を考えてみると…。

「洗濯物を色もの・白ものに分類」→「洗濯機に入れる」→「洗剤を投入」→「洗い終わったらハンガーを取り出す」→「干す」→「洗濯物が乾いたら取り込む」→「たたむ」→「収納」。

これをなるべく少ない移動、少ない手間で回すために、まず洗濯カゴを仕切り、家族に各自で洗濯物の色もの・白ものを分類してもらうようにしました。これだけで、洗濯のステップが1つ省略できます。

洗剤は、洗濯機の投入口から手を伸ばせば届く位置にスタンバイ。さらに、キャップの開閉が不要なプッシュ式ボトルを選ぶことで、ワンアクションで洗剤が入れられるようになりました。

わが家はマンションの規約上、ベランダに洗濯物を干すことができないので、乾燥機にかけられる衣類は洗濯後そのまま乾燥。なるべく乾燥機対応の衣類を選ぶことで、

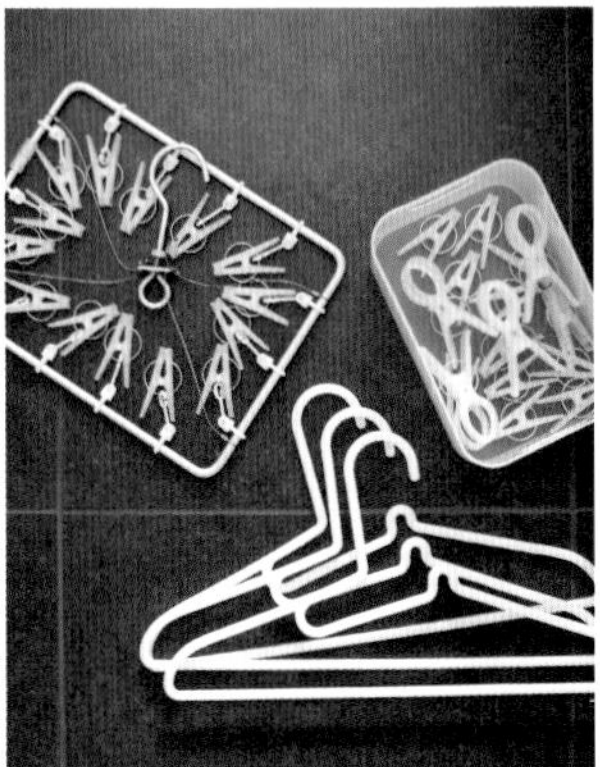

洗濯バサミやハンガーは、すべて無印良品のもの。色味がそろうと、見た目もすっきり。

❶プッシュ式ボトルなら、片手で洗剤を計量、投入できます。❷愛用しているメソッドの「ランドリーリキッド」。右手にあるのは、色移りを防いでくれるランドリーシート「カラー&ダートコレクター」。1～2枚の白もの衣類なら、色もの衣類と一緒にシートを入れて洗濯してもOK。時短できます。❸洗濯カゴ(左手)の真ん中に仕切り板を入れておくだけで、色もの・白ものを分類する手間が省けます。クリーニングに出すシャツは、ファイルボックス(洗濯カゴの右手)に入れてもらうように。なるべく少ない手間で、楽しく洗濯できるように日々工夫を重ねています。

干す負担を減らしています。

乾燥機対応でない衣類は、洗面所横の浴室乾燥へ。

ハンガーや洗濯バサミも、洗濯機のすぐそばに収納して、洗い終わった衣類を取り出したその手で、浴室にどんどん掛けていきます。

一緒にサーキュレーターをまわしておけば、消費電力と乾燥時間の節約に。

浴槽に椅子を入れ、その上にサーキュレーターをセット。浴室乾燥の時間を短縮できます。

乾いた衣類は、基本的に寝室に収納しています。寝室で衣類を広げてたたみやすい場所といえば…ベッドの上。

わが家の間取り上、洗濯機置き場のすぐ右隣が寝室になっているので（P87参照）、乾いた洗濯物をわさっとベッドの上に置いたら、そのままたたんで振り返った場所にあるチェストとクローゼットへ収納。すべてを数歩内に収めることで、洗濯の負担が軽くなりました。

もちろん、間取りや収納スペースによっては、効率化できない動作やステップもあるかと思います。でも、できる範囲でコックピット化を進めていくと、少しずつ生活がラクに。**節約できる時間は数秒のことかもしれませんが、その時間が積み重なると、大きな時間を生み出してくれる**と感じています。

❶子どものお風呂用おもちゃは、子どもの手の届きやすい洗面台の背面収納の一番下に収納しています。こちらも8割収納。❷使い終わったおもちゃは、水垢がつかないように、一度タオルを敷いたカゴの中に入れ乾かし、水切りしてからしまっています。

クローゼットは上から下までびっしり詰めて

59㎡という小さな住まいのわが家では、ウォークインクローゼットを衣類以外の収納にも活用することで、たくさんのものを管理しています。

といっても、大きさは約2畳と、かなりコンパクトな造り。そのため、ハンガースペースが一般的なコの字型ではなくL字型になっています。おまけに「ウォークイン」する通路部分を開けておかなくてはならないので、そのまま使ったのでは空間を隅々まで使いきることができません。

そこで、空いている壁面にスチールラックを入れて、収納力を増やす工夫をしています。スチールラックにはオプションを加えて、さらに収納力を上げる工夫も必須。側面にフックを追加して、長さのあるバッグをかけたり、衣類の一時置き場にしたり。ひっかけられるバスケットには、衣類のメンテナンス用品も収

クローゼットのドアを開いたら広がる光景。隅々までものが詰まった、わが家の四次元空間へ、ようこそ！

最上段の黒いボックスに紙袋と緩衝材を。ここに入る量しか持たないようにしています。白い帆《はん》布《ぷ》ボックスには、わたしのバッグ。上段にポールを通してクリーニングから戻った夫のシャツを収納。袋から出すのが基本ですが、出張の多い夫は袋つきのほうが持ち運びやすいそうなので、本人に任せています。その隣は夫のバッグ。側面にフックを追加し、アクセサリーやショルダーバッグをひっかけ収納。中段のボックスは夫婦の小物。横の引き出しは手放す予定のものの一時置き場。最下段には食品のストックや使用頻度の低い電化製品など重さのあるものを収納。

めています。

細々したものはボックスに入れてラックの中へ。引き出しのように使えるので、奥側に置いたものも取り出しやすくなります。

スチールラックを置いたことでアクセスの悪くなった、L字の短辺部分、上段にはオフシーズンの衣類を。

子どもが生まれてからは、季節外のかさばる衣類は、保管サービスつき宅配クリーニング（*）も利用しています。

下段には、季節家電や五月人形など、日常的に出し入れしないものを。形が不ぞろいなものは箱に入れて管理すると、スタッキングできるので収納力がアップします。

L字の長辺部分のハンガースペースは、幅150cm程

❶無印良品の「横ブレしにくいフック」はショルダーバッグをひっかけて収納するだけでなく、衣類のチョイ掛けにも便利。❷4点掛けできる傾斜ハンガーに翌日のコーディネートをまとめておくと、朝の支度がスムーズ。❸柔らかいバッグは丸めて立てて収納すると、引き出したとき一目瞭然。選びやすくなります。❹立てて収納しづらいクラッチバッグは重ねて浅い小物入れに収納。

＊参考サイト

・イークローゼット　http://www.e-closet.com/
・せんたく便　http://www.sentakubin.co.jp/

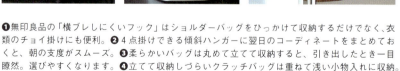

度。真ん中で半分にして、夫婦それぞれのオンシーズンの衣類を収納しています。クローゼットの奥側がわたし、より使いやすい手前側が夫の衣類です。

「片づけが得意でない人に、優先的に使いやすい収納スペースを割り当てる」という収納のルールに従っているおかげで、夫の衣類の管理もスムーズになりました。

小さなクローゼットをより有効に活用するため、夫婦のハンガーはすべて「ｍａｗａハンガー(*)」でそろえています。ハンガーの表面が特殊コーティングされているので衣類が滑りづらいうえ、フラットなデザインのおかげで一般的なハンガーより省スペース。

❶クローゼットの奥側にオフシーズンの衣類。右手にオンシーズンの衣類を収納。❷オフシーズンの衣類の下には季節家電や五月人形、アウトドアアイテムなど日常的に出し入れしないものを。来客用の木製ハンガーは吊り下げて収納。

＊参考サイト

・MAWA Shop Japan：マワハンガー　http://www.mawa-shop.jp/

ハンガーの種類だけでなく、数も決めておけば、衣類の定量管理も簡単です。

さらに、もっと活用できるスペースはないかと、ウォークインクローゼット内を隅々までチェックしたところ、配管のために少し凹んだデッドスペースを発見。

ＤＩＹで壁面棚を追加し、頻繁に使わない冠婚葬祭用のバッグなどを収めました。

収納のルールという点でいうと、出し入れが簡単、ものの管理もしやすい「８割収納」がよしとされていますが、わが家の小さなウォークインクローゼットは、上から下まで、端から端まで１００％収納です。

採用できるルールは取り入れて、採用しづらいルールは多少アレンジして…。

限られた空間を最大限に活用できるように、そして家族がより使いやすいスペースになるように、日々試行錯誤しています。

＊参考サイト：棚づくりに興味があれば…

・ＤＩＹ木材センター　http://www.rakuten.co.jp/mokuzai-o/

❶ハンガースペース奥に発見した凹んだ空間に可動棚を設置。棚柱を取りつけて棚受けをはめ込み、板をのせるだけの簡単ＤＩＹ。使用頻度の低いものの置き場に。❷夫のハンガースペース下には夫用、わたしのハンガースペース下にはわたし用の衣装ケースを。吊るさない衣類をたたんで立てて収納しています。奥のスーツケースには災害時用の備蓄品を。❸帽子はムシピンにひっかけて、壁面も有効活用。❹子どもが帰宅したらすぐ保育園バッグ（Ｍ＆Ｗロゴの入ったもの）から連絡帳や洗濯物を取り出し、バッグはウォークインクローゼットに収納。リビング・ダイニングスペースにバッグ類を持ち込まないことで、散らかりが抑えられるようです。

非常食はどこにしまっていますか？

国内外で大きな災害を目の当たりにしてきたこともあり、スモールスペース暮らしながら、できる限り災害に備えておきたいと考えています。

限られたスペースを見渡して、なんとか見つけ出した備蓄品の収納場所は、クローゼットに保管している大・中・小のスーツケースと、ベッド下収納の中。

以前は、非常食を日常的に消費し、消費した分だけ買い足していく「ローリングストック」を取り入れていました。今ある食品ストックの置き場を少し広げるだけですむので、手軽だと思ったのですが、どうやらわたしには、あわない管理方法のようです。手に取りやすい場所に多めのストックがあると油断するのか、うっかり使い切ってしまうことがよくありました。つねに在庫を気にしていないといけないので、なんだか気ぜわしく感じます。

そんな失敗を経て、現在は、**日常的に消費する食品と備蓄品は分けて管理**するように。これで非常食をうっかり切らすことがなくなりました。

備蓄品とそれぞれの消費期限はエクセルで一覧に。3月と9月の年2回、見直しています。リストをつくったり更新したりする手間はかかりますが、見直し時以外は在庫を気にしなくていいので、ストレスなく続けられています。

❶ 3つのスーツケースに災害時用の備蓄品を収納。非常食は長期保存ができる缶詰・瓶詰がメイン。実際に食べるときに少しでも楽しめるよう、選ぶ基準は「非常時でなくても食べたいもの」「日頃からおいしいと感じているもの」。旅行時など、スーツケースを本来の目的で使うときは、一時的に備蓄品をエコバックに詰め替えます。❷水やジュースのストックはベッド下に。

「捨てる」以外の、ものを手放す方法

狭い家に暮らしながら、わたしはものを手放すのが得意ではありません。おまけに、素敵なもの、便利なものが大好きです。スペースに限りがなければ、自分で管理できる以上のものを持ってしまうタイプだから、わたしにとっては狭い家の「制約」はメリットでもあります。狭さのおかげで、もの好きでありながら、隅々まで目の行き届く暮らしができているのかもしれません。

そんなわけで、日頃から、自分が捨てるのが苦手であること、狭い家に住んでいることを意識して、**家へのものの入り口をなるべく小さく**するよう注意しています。といっても、家に入ってくるものがゼロになることはありません。どこかのタイミングで、ものを手放す必要がでてきます。

けれども、ただ「捨てる」しか選択肢がないと、ものを手放すハードルがますます高くなることに。

ものを家に滞留させないためにも、使わなくなったものの嫁ぎ先を、たくさん知っておきたい…。そう考えて、つねに手放し方に関する情報を収集しています。

ご参考までに、その一例を次ページにご紹介します。

ブランドものの服などは、古着の買い取りサービスを利用しています。

譲る

バザー

地域や学校でバザーを開催する予定があれば、新品・未使用の石けんやタオル、食器や缶詰などを引き取ってもらえます。「どこで開催しているかわからない」という場合は、キーワード「地域名(例：渋谷区) バザー」などで検索を。

サルベーション・アーミー

新・中古品の寄付を受けつけている「サルベーション・アーミー」は、イギリスに本部を置くキリスト教団体。世界規模でリサイクル事業に力を入れているため、寄付した物品は国内外でそれを必要としている方の元へ届けられます。

●参考サイト
救世軍 - The Salvation Army Japan
http://www.salvationarmy.or.jp/

ユニクロ「全商品リサイクル活動」

ユニクロが販売する商品は、すべてがリサイクル対象です。衣料品は洗濯後、店頭でスタッフへ引き渡すだけでOK。工業用繊維などの材料としてリサイクルされるだけでなく、服を必要としている人へリユース品として届けられます。

●参考サイト
http://www.uniqlo.com/jp/csr/refugees/recycle/

H&M「古着回収サービス」

全店で古着回収を行っているH&M。自社商品だけでなく、それ以外の衣類も対象です。リサイクルしたい衣類を紙袋に入れて持ち込めば、H&Mで使える500円割引クーポンと交換(上限2枚)してもらえます。詳細はサイトで。

●参考サイト
http://www.hm.com/jp/customer-service/garment-collecting

売る

フリーマーケット・オークションサイト

必要な人に、適切な価格で、使わなくなったものを引き渡すことができますが、準備・対応にかなりの時間が必要です。ものの手放しかたとしては難易度が高いため、子どもが小さい、仕事が忙しいなど、時間に余裕がない場合は要注意。

Amazonマーケットプレイス

Amazonで販売されている商品であれば、誰でも簡単に出品できるシステムです。メイン画像や商品説明文が用意されているため、オークションサイトより手軽。出品時の登録料は無料。購入された場合のみ手数料が発生します。

●参考サイト(キーワード検索をおすすめします)
http://www.amazon.co.jp/

ブランディア

査定してもらいたい商品を梱包して送るだけの宅配買い取りサービス。査定依頼時の送料だけでなく、キャンセルする場合の返品送料も無料。ノーブランドの貴金属や、ほつれのあるブランドバッグなども査定対象です。

●参考サイト
http://brandear.jp/

ZOZOTOWN「ブランド古着買取サービス」

ファッション通販サイトのZOZOTOWNでも、ブランド商品を送料・手数料無料で買い取りしてくれます。ビンテージアイテムや一部のマニア向けブランドなどは、高額買い取りの可能性大。査定は対象ブランド限定です。

●参考サイト
http://sell.zozo.jp/

寝室のドアはあえて開け放つ

ニューヨークで暮らしていた頃、当時のわが家同様に、とても狭い友人宅に招かれて、「小さな家なのに、なんだか開放的だな」と、不思議に思ったことがあります。

よく観察してみて、その理由に気づきました。なんと、家中のドアがすべて開けっ放しになっているのです。それが寝室であっても、バスルームであっても、中に人がいないとき、使っていないときはドアを開けておくのが一般的だと聞きました。

最初のうちは、そんな習慣に戸惑ったものですが、狭い自宅で試してみたところ、とっても快適。ドアを開け放って窓の外へ視界が抜けると、一気に開放感が高まるうえ、空気が循環するし、ホコリも溜まりにくいし…といいことづくめ。

そんなわけで、わが家では来客時でも基本的に寝室のドアは開けっ放しです。開けっ放しにしても、なるべくすっきり見えるよう、リビング・ダイニングと寝室のインテリアのテイストをあわせています。家具類はウォールナットと黒をベースに、バーチカルブラインドもリビング・ダイニングと同じものでそろえました。

愛犬のケージは寝室に。時々聞こえてくる「ぶ〜ぶ〜ぶ〜」という小さないびきは、心地よいBGM。

寝具周りに関しては、本格的なベッドメイキングはめんどうすぎて続かず、ゴム入りのボックスシーツで代用することに。

ベッドカバーがあると部屋の雰囲気はよくなりますが、寝るときにかけたり外したり、手間がかかりすぎて断念。

ベッドカバーは諦めて、わが家のインテリアになじむシンプルなホワイトリネンの掛け布団カバーを選ぶことにしました。

掛け布団はベッド本体よりワンサイズ大きいものを選べば、両サイドにゆとりが出て、ベッドカバーのような印象で使えます。

朝起きたらすぐに窓を開け、枕をぽんぽんと叩いて空気を入れ、掛け布団を整えるのが日課です。

この、ほんの30秒の習慣おかげでベッド周りが整い、気兼ねなく寝室を開放できているように思います。

机1つ分で書斎スペースが持てる

40㎡、50㎡といった、今よりもっと小さな家に住んでいたときにも、わが家では書斎スペースをもうけるようにしていました。もちろん、現在の住まいでも同じです。

結婚してからも、資格をとったり学校に行ったり、たまには仕事を持ち帰ったりと、わたし達夫婦は自宅で黙々と作業をすることがよくありました。なるべく1つの家具をいく通りにも使いまわしたいと考えて、過去に何度かダイニングテーブルを書斎代わりにしようとしたこともあります。

ところがこれが、ことごとく失敗！　作業する場所をダイニングテーブルにしてしまうと、仕事中に家事が気になったり、リラックスしているときに仕事が気になったり。夜ごはんのとき、ダイニングテーブルの上に片づけ忘れた書類やボールペンなどが散らかっていることも、たびたびです。

そこで、作業に集中するための書斎スペースを、リラックスするためのダイニングスペースと分けることに決めました。

特に現在、フリーランスとして自宅で仕事をする時間が長くなって、改めてそのメリットを実感しています。

デスクの上を一瞬で片づけられるよう「作業途中箱」を活用。箱に入れてシェルフに戻すだけで片づけ完了。

作業途中箱には、リヒトラブの「デスクトレー」を使用。以前使っていた上部が開いたファイルボックスは、机の上に書類を広げて作業しづらいこと、蓋がないのでホコリがつきやすいことが気になって変更。蓋つきボックスは、横にして重ねても、縦に並べても収納できるので扱いやすいようです。同じボックスを複数用意して、仕事用のほかにも、請求書・領収書用や長期保管資料用、家庭用の作業途中箱としても活用。ボックスを分けておくと、書類の混在や紛失が防げます。

今は寝室の一角がわが家の書斎スペースです。

限られたスペースをムダにしないよう、デスクの奥行きは約45cmと浅めにしています。ノートパソコンと本、書類を広げる程度であれば十分なサイズです。

デスク下の引き出しとデスク横の本棚は夫婦共用で、それぞれが管理するものの量をベースに、わたしと夫で使うスペースを分けています。

割り振ったスペースについては、そこからものがあふれ出ていない限り、お互い口出ししないというルールです。

自分のやりやすいように管理できるので、よけいなストレスがかかりません。

専用の書斎スペースを持つことで、公私の切り替えがしやすく、書類や文具の散らかりも最低限に抑えられるようになったと感じています。

必要であれば夫婦そろって仕事ができるよう、デスクの幅は少し長めの182cmに。真ん中に手持ちの引き出しを置いて、夫婦のスペースをゆるく分割。

理想の部屋づくりをするために

小さな部屋のインテリアに統一感を持たせるには、最初にはっきりと、自分の「理想の部屋」をイメージしておくことが大切だと感じます。

自分の理想や好みがわからないときは、スクラップブックをつくってみてもいいかもしれません。本や雑誌などで「いいな」「素敵だな」と思った写真のコラージュを何度も見返してみると、自分が何に惹かれるのか、何を大切に思っているのかが少しずつクリアになっていきます。

わたしが最近活用しているのは、インターネット上で見つけた画像を「ピン（収集）」して保存するブックマーク・サービス「Pinterest（ピンタレスト）」です。「リビング」「キッチン」など場所別に画像をピン。集めた画像の一覧は、そのまま自分自身の理想とするインテリアのコラージュになります。

「リビングのインテリアを見直したい」と思ったら、「リビング」のボードをチェック。自分の理想のリビングの傾向が一目でわかります。

こうしてつくったコラージュは、家族とも共有しています。インテリアのイメージを言葉で説明しようとすると、なかなかうまく伝わりませんが、写真を見てもらえば一目瞭然。

「この雰囲気より、こっちが好き」「こんな形の椅子がかっこいいね」と会話が弾み、家族の好みも理解しやすいようです。

自分の理想のインテリアがわかったとしても、今すぐすべてを叶えることはできないかもしれません。

でも、たいていの場合、理想の部屋づくりは長期戦になります。その時々の気分で「なんとなく」家具や雑貨を選んでいると、知らぬ間に理想から離れていってしまうことも。

家族とゴールを共有しながら、ブレずに部屋づくりを進めていければ、少しずつでも、確実に理想に近づいていけるのではないかと感じています。

繰り返し登場する色、形、素材などの傾向から、次第に自分の好みがわかってきます。

＊参考サイト

・Pinterest：ピンタレスト（※利用するには事前登録が必要です）　http://jp.pinterest.com/

COLUMN

メイク用品は一目瞭然に収める

クローゼットの衣類と並んで女性が収納で悩みがちなアイテムといえば、メイク用品かもしれません。

ドレッサーを置いて一元管理できればいいのでしょうが、小さな空間で暮らしていると、1つの用途でしか使えない家具は「贅沢品」のイメージです。

狭いわが家でも、メイク専用の家具は持たず、寝室に置いたチェストをドレッサーとして兼用しています。メイク用品は一番上の浅い引き出しにまとめ、スタンドミラーも一緒に収納。メイクをするときはミラーをチェストの上に置けば、簡易ドレッサーのできあがりです。

メイク用品がなんだか散らかりやすいという場合、「使う場所に置く」ことができているかを考えてみるといいように思います。美容関連の収納では、「スキンケア」「ヘアケア」「メイク」を一緒に考えがちですが、自分がそれぞれのアイテムをどこで使っているか、改めて思い返してみると…どうでしょうか?

たとえば、メイクは寝室でするけれど、スキンケアとヘアケアは洗面所という場合、すべて洗面所に収納してしまうと、スキンケアとヘアケアはしやすいけれど、メイクのたびに洗面所と寝室を行ったり来たりすることに。

わが家のチェスト兼ドレッサー。フェイスパウダーやチークの粉でチェストの上が汚れてしまったときは、出しっ放しのはたきでサッと払います。意外と汚れやすい場所なので、見た目のいい掃除道具をそばに置いておくと実用的です。

使う場所と収納する場所が遠いと、ものを出し入れする動作が増えて、片づけるのがめんどうになり、ついつい置きっ放し、出しっ放しになってしまいます。

使う場所がはっきりしたら、今度はその部屋の中で一番メイクしやすい場所を探します。朝、自然光でメイクをしたいなら、部屋の奥側よりも窓際のほうが便利。

部屋のどこでメイクをするかが決まってから、そこではじめて「どう収納するか」を考えるとうまくいくようです。

メイク用品の収納は、引き出し1つ分や棚1段分など、**最初に収納スペースの「フレーム」を決めてしまう**と、それ以上ものが増えるのを防ぐことができます。

また、アイシャドウ、口紅などのアイテムごとに分類して、それぞれ「一目瞭然」になるよう収めると、コーディネートがしやすくなるように思います。

ケース越しに中身の色がわからないアイテムは、品番側が見えるよう収納したり、カラーサンプルをプリントしたものを貼りつけておいたりすると、忙しい朝でも一目で色合わせができます。

わが家のチェストにはメイク用品のほか、1軍のアクセサリー類も収納しています。メイクのあとに、その場でアクセサリー類をつける朝の身支度の流れにあわせました。

季節や気分で使用頻度が変わりやすいアクセサリー類も1軍と2軍に分け、よく使うものだけを「一目瞭然」に収納することで、日々のコーディネートが楽しみやすくなるように思います。

❶ゴールドセット、シルバーセットのように、あらかじめ「セット化」しておくと、アクセサリー選びに悩む時間を省けます。❷1軍のアクセサリー。ピアスやイヤリングは種類ごとに分類。❸右手にあるのがメイクのときに使うスタンド式の鏡。左手下はネイル。ボトルを逆さまにしておくと、色の違いが一目でわかり、使いたい色をすぐに取り出せます。

3畳でも独立した子ども部屋を

子ども部屋として使っている部屋は、3畳にも満たない小さなスペース。以前はここを夫婦2人の書斎にしていましたが、出産に間に合うよう、子ども部屋として仕立て直しました。

子どもが小さいうちは、子ども部屋をつくらないという方も多いかもしれません。でも、わが家のように、すでに何らかの目的で使っている部屋を将来、子ども部屋に使おうと考えている場合、部屋の入れ替え作業は思いのほか大変になります。今使っている部屋のものと、少しずつ増えていく子どものもの、両方を整理する必要があるからです。

それであれば、その半分の労力ですむ時期に準備したほうがずっとラクだと考えて、わが家では子どもの誕生とともに部屋を用意することにしました。

現在、ここに置いている家具は、ＩＫＥＡの子ども用ベッドと3段チェストだけ。おもちゃや絵本は、子どもの遊び場であるリビング・ダイニングスペースに置いています。

部屋には備えつけの収納スペースがないので、ものを収められる唯一の場所が3段チェスト。中に収めているのは、主に子どもの衣類です。

ベッド下には、1歳のクリスマスに贈ったおもちゃのピアノを収納。

貴重なスペースをふさがないよう、天井や壁などを活用して、ゆらゆら揺れるバルーンのモビール、ゾウやキリンのアニマルヘッドなどを飾っています。かわいらしさを取り入れて、子ども部屋らしい雰囲気に。

子どもを観察していると、立ったまま開閉できる上・中段の引き出しの手前側が扱いやすい様子。逆に、しゃがまないと開閉できない下段や、全開しないと見えない奥側は使いづらそうです。

そこで、子どものアクセスがよい上段の手前に、よく使うパジャマや肌着類を収め、中段の手前にオンシーズンの衣類を、上・中段の奥側と下段にオフシーズンの衣類を収納することにしました。

引き出しを開けたとき全体を見渡せるように収納しておくことで、わたしが定量管理しやすいだけでなく、子どもも衣類を出し入れしやすいようです。おかげで朝、ひとりでお着替えしてくれるようになりました。

チェストの中には、ＩＫＥＡの洋服用ボックスを入れ、衣類を立てて収納しています。そのまま収納するより倒れにくいうえ、適度に圧縮されて収納力がアップ。アイテムごとにボックスを分けると、衣類同士が混在しません。このボックスの底にはファスナーがついているので、使わないときはコンパクトにたたんでおけるのも便利です。

わが家一番のスモールスペースである子ども部屋ですが、今のところ特に不便を感じることはありません。リフォームなどを検討するのは、子どもが小学生になってからでいいかな？と考えているのですが、どうなるでしょうか。

❶０歳のクリスマスにもらったプレゼント。最近はほとんど遊ばなくなったものの、かわいいデザインなので、子ども部屋で「見せる収納」に。❷ぬいぐるみは、カゴに入れてベッドの上に。時々、寝るときに抱っこしています。

❶衣類は基本的に、たたんで立てて収納。チェスト上段は、左手にパジャマを。その隣からソックス、パンツ、色別にタンクトップを収納。❷中段は左手からオンシーズンのトップスを種類別、色別に。一番右手にはボトムスを収納。上段のソックスから中段のボトムスまで、順番にピックアップすればコーディネート完成。❸チェスト脇の空きスペースに世界地図パズルを収納し、貴重な空間を隅々まで活用。夫は仕事がら海外出張が多く、家をしばらく留守にすることも。その間、地球儀などを使って、「今、ここにパパがいるんだよ」などと子どもと話して過ごしています。

図書館をわが家の本棚代わりに

自宅以外の場所で、ものやスペースを管理してもらえるなら、それを利用しない手はありません。そこを自宅代わりに使えれば、暮らしをコンパクトに保ちながら、快適に生活することができます。

その代表的な場所が、図書館です。子どもが小さいうちは、好きな絵本を好きなだけ読んであげたいと思っているのですが、それをすべて自宅で管理するにはスペースが足りません。

そこで、図書館をわが家の書庫代わりとして活用することに。週末は親子で図書館へ出かけて絵本を選び、借りて帰ってくるのを子どもも楽しみにしています。

最近はインターネット上で読みたい本を予約しておくと、最寄りの図書館に届けてくれるというサービスも一般的。とても便利になっています。

国内外の書籍や雑誌をチェックしたいときは、TSUTAYAのブックカフェへ。ドリンクを飲みながら書店に並ぶ本を自由に読むことができるので、新刊や専門書の閲覧室兼わが家のカフェスペースとして活用しています。

子どもと一緒なら、児童館も外せません。子どもが2歳くらいまでは、毎日のように児童館へ通い、大きな室内遊具でたくさん遊ばせてもらいました。

そのほかにも、大きな収納家具を持つ代わりに保管サービスつきクリーニングを利用したり、エスプレッソマシンを持つ代わりに近所のカフェに通ったり、本格的なAVセットを持つ代わりに映画館に出かけたり、トレーニングマシーンを持つ代わりにジムへ行ったり…。

自宅以外に活用できる場所は、まだまだたくさんありそうです。

散歩でよく行く近所の公園。あまりにも足繁く通っているので、愛犬もわが家の庭であるかのようなリラックスぶり。時々、散歩途中にコーヒーを買ってベンチに座りながら気分転換しています。

日々の掃除・片づけは最小限に

CHAPTER
5

大きな家に比べて、狭い家では
掃除や片づけに手間も時間もかかりません。
それなのに、同じ作業を淡々と続ける
ルーチンワークが苦手なわたしにとって、
日々の掃除・片づけはハードルの高いものの1つです。
できるだけ簡単に、美しく空間を保つ方法はないかと、
これまであれこれ試してきました。
ここからは、ラクしたがりのわたしでも続けられる
掃除・片づけのコツをご紹介します。

「ついで掃除」で家をいつでもきれいに保つ

掃除を必要最低限ですませたい…。

そんな思いで、以前は「掃除はまとめてする」派だったのですが、汚れ・散らかりを溜めると、汚れを落とすのも大変、片づけるのも大変。

最低限ですませるつもりが、まとめ掃除で疲れ果てるという切ない状況に。

こうした経験から、わたしは掃除をまとめてするより、毎日ちょこちょこするほうがラクなタイプだと判明。以来、小さな掃除・片づけを心掛けるようになりました。

たとえば、キッチンの掃除は、食器を片づけたあとに。洗面所の掃除は、歯磨きのついでに。お風呂掃除は、上がったらすぐ。トイレは朝、使ったときに。

これをまとめて一度にしようとすると、心理的な負担が大きいものの、小分けして、何かのついでに動いているから、「おまけ」程度の軽い感覚で続けられます。

さらに掃除へのハードルを下げるため、毎日している掃除・片づけの時間を計ってみることに。

はたきがけに3分、掃除機がけに10分、拭き掃除に10分、鏡・ガラス磨きに3分…

❶吸水性抜群のマイクロファイバークロスとボトルデザインがすてきなクリーナー。❷洗面台の鏡は、洗濯前に、ついで磨き。磨いたあとは、クロスをそのまま洗面台の隣にある洗濯機へ。❸歯磨きのついでに洗面台の蛇口磨き。❹小さな子どもと愛犬がいるので、頻繁な拭き掃除が必須のわが家。床拭きロボット「ブラーバ」が毎日大活躍。

など、掃除にかかる時間を、ひととおり書き出しました。

わたしが毎日続けられそうな掃除時間は20分くらいです。そこで、はたきがけ、掃除機がけ、拭き掃除だけを、朝まとめて行うことに決めました。

気分が乗らなければホコリを払って、フローリングワイパーをかけるだけで終わらせますが、ほんの20分がんばれば、その日1日気持ちよく過ごせるとわかっています。はたきを持って動いているうちに「もうちょっとがんばろうかな?」と思えるようになりました。

最近は、お掃除ロボット「ブラーバ」も導入。ボタンを押すだけで、床の隅々まで自動で水拭きしてくれる賢いロボットです。時間を生み出すために、道具に頼るのもアリだと思っています。おかげで床掃除の時間を省くことができ、家族とのゆとりの時間が増えました。

何に何分かかっているのかわかっていなかった頃は、1日中「掃除しなきゃ!」「片づけなきゃ!」と考えていたように思います。

でも、**一度暮らしに掃除や片づけ組み込んでしまったら、それ以降は、掃除・片づけの最中以外、そのことを考えなくてすむようになりました**。おかげで、掃除・片づけに対するハードルがぐんと下がったように感じています。

インテリアになる掃除道具を置く

1日20分の掃除・片づけを暮らしに組み込んでいるものの、毎日必ず、同じように時間を割けるわけではありません。

子どもが熱を出したり、急な仕事が入ったりしたときは、そこまで行き届かないのが実情です。

といっても、小さい子どもと愛犬と一緒に暮らしているため、まったく掃除をしないわけにもいきません。

とくにわが家は家具もフローリングもダークカラーなので、1日でも掃除をさぼると、ホコリや愛犬の抜け毛があちこちに。それを目にしてしまうと「掃除しなくては！」という気持ちになります。

でも…逆にいうと、ホコリと抜け毛さえなんとかできれば、最低限の掃除はできているということ。そう割り切ったら、少し気が軽くなりました。

さらに、もっと気軽にホコリ・抜け毛を掃除できるよう、はたきとフローリングワイパーを出しっ放しにしてみたところ、気が向いたときに「ながら掃除」「ついで掃除」ができるように。

「マーチソンヒューム」のキッチン・ダイニング用クリーナー。ダイニングシェルフに飾って、必要なときテーブルの拭き掃除に使用。

時間がない日でも、最低限の掃除はこなせるようになりました。

すると今度は、掃除道具の見た目も気になってきます。

ものが目につきやすい狭い部屋だからこそ、なるべく生活感を抑え、インテリアとしても素敵なデザインの道具を…と探して見つけたのが、レデッカーの山羊毛のはたきとｔｉｄｙのフローリングワイパーです。はたきはダイニングスペースのシェルフに、フローリングワイパーはリビングの片隅にスタンバイ。

すぐ手の届く場所にあるというだけでなく、**美しいデザインのものを手にするのは心地いいものなので、掃除の時間がほんの少し楽しくなった**ように思います。

掃除道具を出しっ放しにしたことで、実は思わぬ収穫もありました。夫も子どもも、気づいたときに自発的に掃除をしてくれるようになったのです。

3歳の子どもは、大人の真似をするのが楽しい年頃なので、毎朝喜んでフローリングワイパーをスイスイ。

わたしはダイニングテーブルに座ってその様子を見ながら、「きれいになったね〜、気持ちがいいね〜」と褒めるだけ。

掃除道具の出しっ放し効果を実感しています。

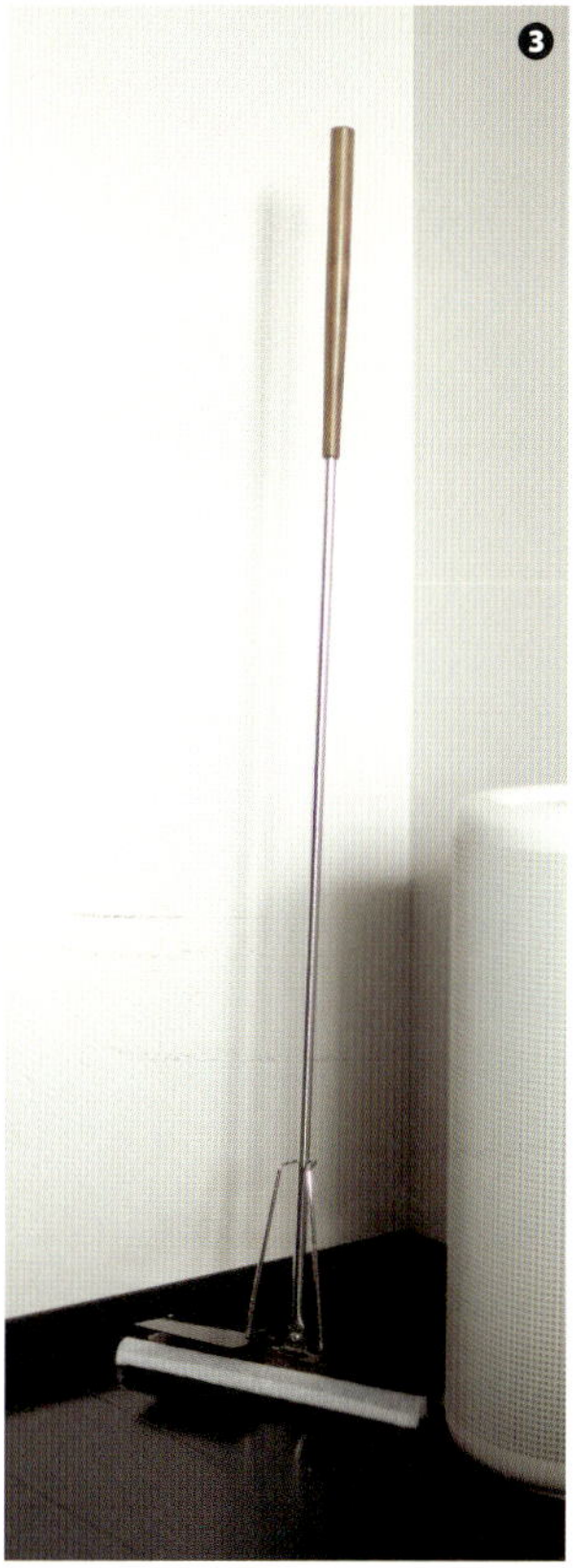

❶インテリアになじむ色のはたきは、同系色のシェイカーボックスの上に。❷明るい色のはたきは、チェストの上に置いてアクセントに。❸フローリングワイパーも部屋のイメージにあうものを選べば、出しっ放しでも気になりません。❹軽量な掃除道具は、子どもでも扱いやすいようです。

子どもにたたむ用の洗濯物カゴを用意

最近、洗濯物をたたむ時間が倍に増えました。なんでも大人の真似をしてみたい年頃の子どもが「一緒にたたみたい！」と、お手伝いしてくれるようになったからです。タオルをひと折りするごとに「こう？」と確かめてみたり、途中で気が散ってハンガーで遊んでみたり…。なかなかスムーズには進みません。

忙しいときは「自分でやったほうが早いなぁ」とジリジリすることもあるのですが、家事も、勉強や遊び、仕事と同じで、「やりなさい」と言われてするよりは、本人が「やりたい」と思ってはじめるほうが、飲み込みが早いように感じます。

もちろんそこには、**楽しみながら取り組むうちに家族の家事力が上がれば、将来わたしがラクできるかも**…という下心も。なので、多少めんどうなことがあっても、家のことで任せられるところは、どんどん任せていきたいと思っています。

家族から「やりたい」の声が出てきたら、まずは、わたしがどんなふうにしているのかを見せて、あとは自由に挑戦してもらいます。本人のやり方を観察し、取り組みやすいよう環境を整えると、「もっとやりたい！」と思ってもらえるようです。

たとえば最近、子どもがたたんだ衣類を一時置きする場所として、スチールのカゴを用意しました。たたみ終わった衣類をそこに入れれば、多少積み上げても崩れないうえ、そのまま収納スペースに持って行って収納できるので、子どもに任せやすくなりました。

多少たたみかたが不ぞろいでも、たたみ直しません。扉を閉めれば見えない場所に収納しているので、心置きなくお手伝いをお願いできます。

物干し用のハンガーも、子どもの手が届きやすい位置へ。使い終わったハンガーを1本1本同じ方向に向けて重ね、きれいに収納できると、「できたよー!」とうれしそうに報告してくれるので、親子で一緒に喜んでいます。

❶たたみ終わったタオルは、一時置き用のカゴにいったん入れて。❷ハンガーもタオルも、洗面台の背面が定位置。子どもが手伝ってくれることを考えて、収納場所を子どもが一番出し入れしやすい下段に変更しました。

片づけにくさを感じたら…

わたしが家の収納を見直すのは、「イラッ」と感じたときです。

たとえば、掃除機と一緒に置いていた伸縮式フローリングワイパー。掃除機を出し入れするたびに倒れてくるので「イラッ」。さらには、同じ収納スペースの奥に立てかけていた折りたたみ式のアイロン台。これもまた、掃除機をぶつけたりすると倒れてきて「イラッ」。

いずれも収納を工夫することで倒れてこなくなり、ストレスが解消されました。

ほかにも、リビングで使うボックスティッシュ。

もともとテレビボードの引き出しに入れていたのですが、ハイハイをしはじめた子どもがティッシュを引っぱり出して口の中へ…。「イラッ」だけですむ話ではありません。即日、ティッシュをシェルフの一番上の段へ移動しました。

ホッとしたのも束の間、今度は、少し大きくなった子どもが鼻をかむ際、「ティッシュ取って」と、毎回わたしを呼びに来るように…。ティッシュを子どもの手の届くシェルフの中段に移動して、ストックの置き場所も低くしたら、子どもがティッシュを取るだけでなく、補充までしてくれるようになりました。

置き場所を低くしたら、自分のティッシュだけでなく、家族が使うティッシュも取ってくれるように。

この「イラッ」を毎回がまんしているとどうなるでしょう？　それでも生活はまわります。でも毎日そのすべてを飲み込んで、ひとりでがんばっていたのでは、片づけの時間がいくらあっても足りません。

不要なものだけでなく、**ときには意識的に「イラッ」を手放していくことも、快適で行き届いた暮らしには大事**なことのように感じています。

❶粘着式のフックを取りつけて、フローリングワイパーをひっかけるようにしたら、掃除機が多少ぶつかっても倒れてこなくなりました。はたきや卓上ほうきも扉裏に吊るして収納。❷フローリングワイパーのヘッドの部分をタオルハンガーで固定。さらに安定しました。❸アイロン台を100円ショップの突っぱり棒で支えてみたところ、自立するように。

キッチン掃除をラクに続けられるコツ

毎日料理をしていると、どうしてもキッチンは汚れます。こまめに拭き掃除ができる状況や性格であれば問題ありませんが、特にガス台周りに出しっ放しのものが多いと、掃除難易度はアップ。

わが家では、数年前までガス台のそばに出しっ放しにしていたソルト&ペッパーミルが、油ハネで「大変なこと」になった経験があります。気づいたときに拭いてはいたものの、子どもが乳児期の頃はそこまで手が回らず、1日、2日と拭き忘れが続き、とうとう水拭きだけでは汚れが落ちなくなってしまいました。積み重なった汚れを落とすには時間も労力もかかるため、ますます掃除のハードルが上がって汚れが溜まる…と悪循環です。

そこで、コンロ周りからものをなくしたところ、驚くほど掃除がしやすくなりました。何もないと、とにかくラクに拭けるので「キッチンでの待ち時間は拭き掃除の時間」と決めて、お湯が沸くまでの間や、電子レンジで食品を温めている間など、ちょこちょこ掃除しています。

新しい汚れであれば、熱いお湯で固く絞ったふきんで拭くだけで落ちるので、ストレスなく続けることができます。

積極的に食器洗いしてくれる夫ですが、すぐに食器を拭いて収納するのは苦手。食器を拭かなくてすむよう狭いキッチンに水切りかごを導入。

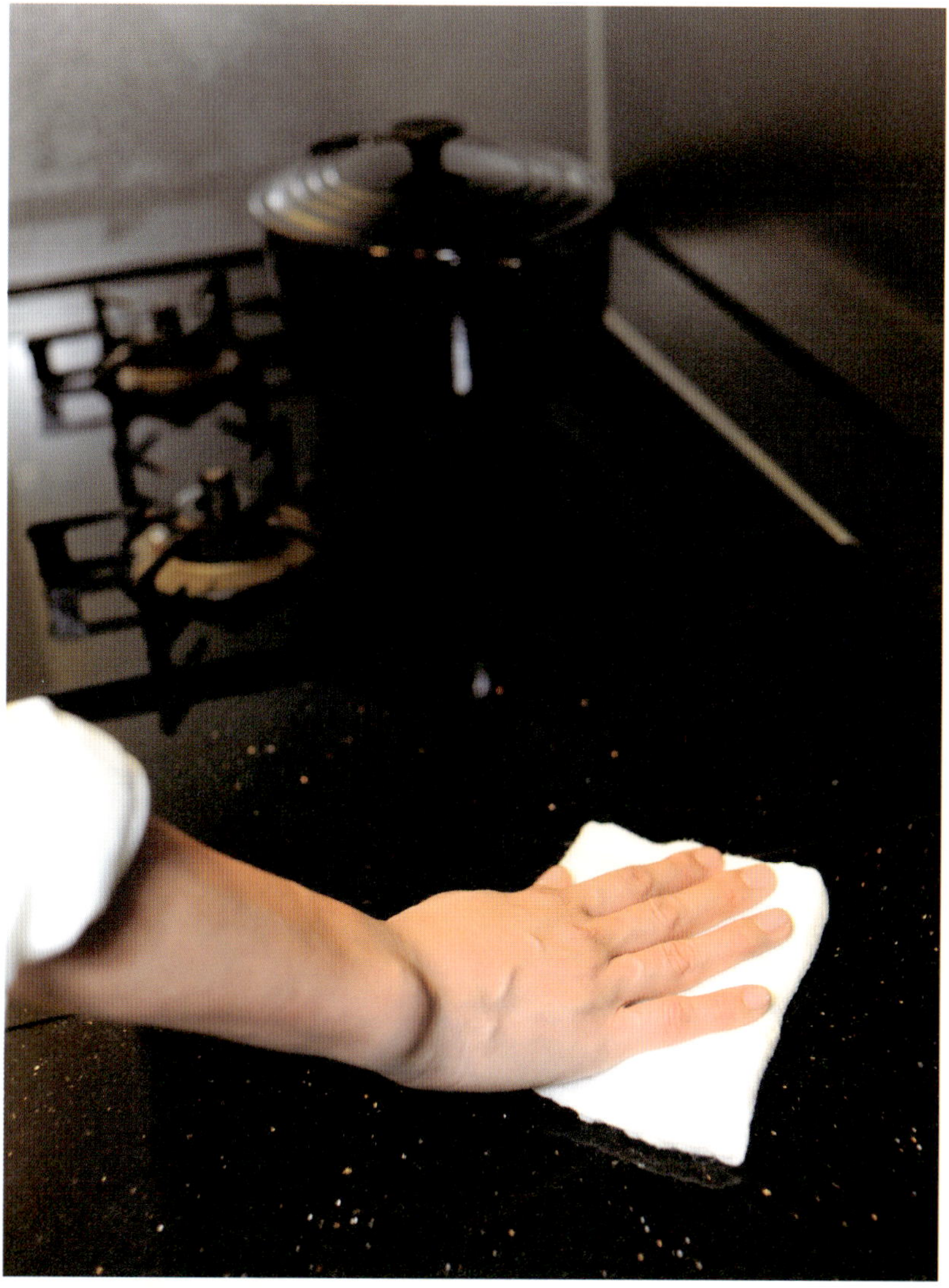

コンロ周りに何も置かなければ、ものを移動させる手間がいらないので、拭き掃除がとてもラク。

ところが、出し っ放しを減らしたにもかかわらず、夫がキッチンを使った翌日は、毎回ガス台周りが油ハネで汚れたまま…。

夫によると、料理の合間にこまめな拭き掃除を「やろう！」と思えばできるものの、「ふきんを熱いお湯で洗う」→「絞る」→「拭く」→「また洗う」というステップがめんどうで、継続できないようです。

そこで、使い捨ての掃除シートを取り入れてみたところ、ガス台周りをいつもきれいに保てるようになりました。

毎日続く家事は「ムリなく続けられること」が大切だと思っています。出しっ放しが多すぎて掃除が続けられないなら、出しっ放しを減らす。負担が大きくてエコな拭き掃除が続けられないなら、使い捨てシートの力を借りる…。

そんなふうにして、**自分や家族が続けられるまでハードルを下げきることができれば、家事がうんとラクになる**ように思います。

美しさを極めたり、環境への配慮を極めたりするのも、もちろんとても大切なことです。けれども、それは行き届いた暮らしの「さらに先」にあるもの。「続けられる」ができたうえでの、次のステップなのかもしれません。

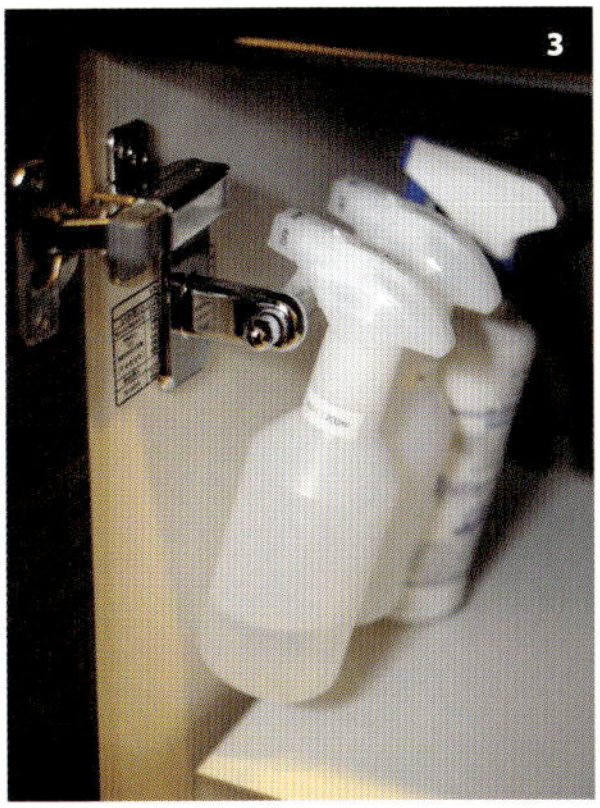

❶わが家のシンク下収納。❷凹みやすい収納ケースの上にポリ合板を貼りつけると、ものを乗せてもたわみません。❸①の写真の丸で囲んだところ（シンク下側面）にタオルハンガーを取りつけて、スプレーボトルをひっかけ収納。❹キッチン周りの掃除道具をツールボックスにまとめてセット化。はちみつボトルに、酸素系漂白剤、重曹、クエン酸などを詰め替え。ラベルを読んで中身を判断したい夫のために「文字」と、ボトルの位置で中身を判断したいわたしのために「数字（場所決め用）」でラベリング。

もう手放せない！　プラスチックラグ

わが家のキッチンの床は黒いフローリングなので、水滴や油ハネの跡が目立ちます。放っておくと、それを踏んだスリッパが汚れをあちこちに運び、ますますひどい状態に。そのつど拭き掃除が必須なのですが、1日に何度もとなると、正直、めんどうです。

そんな問題を解決してくれたのが「プラスチックラグ」。スウェーデンの老舗メーカーで生産されているこのラグは、その名の通りプラスチックで編まれています。素材がプラスチックで、しかも織り目が詰まっているため、少々の水滴では床まで達しません。ソースをこぼしたり油がハネたりしても、さっと拭くだけでキレイに。

おまけに洗濯機で丸洗い可。通気性・速乾性に優れているため、あっという間に乾きます。布織物と違って、濡れても軽いので、洗濯の負担も最低限。

実際に使ってみて、「掃除嫌いなわたしにぴったり！」と実感しました。

プラスチックというと硬そうに感じますが、触り心地はふんわり、柔らか。クッション性が高いため、ものを落としても床に傷がつきづらいのも◎。

夏は涼しく冬は暖かく感じられるから1年を通して使えるうえ、北欧ブランドなので、デザイン性の高さも魅力です。

わが家ではサイズ違いの同じラグをダイニングテーブルの下にも敷いています。小さな子どもがいるため、食事中の食べこぼしなど、これまでラグを清潔に保つのがむずかしい場面が多々ありました。でも、デザイン性が高いうえメンテナンスもラクな、このラグのおかげで、**汚れに対して寛大な気持ちでいられる**ように。
今のわが家にはなくてはならない存在となりました。

日本で手に入れやすい「パペリナ」というブランドのものは、残念ながらわが家にあうサイズが見つからなかったので、ひとまわり小さいサイズがそろう「ブリタスウェーデン」のラグを海外サイトから個人輸入しました。

＊参考サイト

・パペリナ：イルムスオンラインショップから　http://shop.illums-online.com/fs/illums/c/pappelina
・ブリタスウェーデン　http://www.britasweden.jp/

洗剤類がすぐに使える「見せる収納」

使いたいときに、使いたいものがすぐ手に取れる状態であることも、苦手な家事、めんどうな家事を続けていくうえで大切な要素です。

わが家では掃除のしやすさを優先させて、家事スペースは基本的に「隠す収納」にしています。でも、場合によっては、しまい込むと使いづらくなってしまうものも。たとえばわが家の場合、洗面所では、コップ、ハンドソープ、台所用洗剤、アルコールスプレーなどは外に出しっ放しの「見せる収納」にしたほうが実用的です。

この**「見せる収納」をすっきりまとめるコツは、「統一感を持たせる」「そろえて置く」「余白をもうける」の3つ**だと思っています。

そのため、出しっ放しのアイテムはすべて白をベースに統一感を持たせました。アイテムをそろえて置くためのトレーも、同じく白い陶器のもので統一。細々したものはトレーに乗せるだけで、まとまり感が生まれます。おまけに掃除の際、トレーごと持ち上げて拭き掃除できるからラクチンです。

少し大きめのトレーを選んだので、詰めればもう少しのせられそうですが、余白を持たせたほうが、不思議と空間がすっきり見えます。そのため、必要最低限のものだけ外に出すことに。

「隠す収納」を取り入れると、掃除の際、ものを移動させる手間が省けます。一方、よく使うものを「見せる収納」にしておくと、出し入れの際、ワンアクション減らせます。場所によって使い分けると、ものの管理がスムーズに。

洗面所を掃除するときは、出しっ放しにしている台所用洗剤で、コップやトレー、洗面ボウルを洗っています。手に取りやすい場所に置くことで、歯磨きのついで、手洗いのついでなど、こまめに掃除ができるので便利です。

アルコールスプレーも、手洗い後の消毒だけでなく、掃除にも活用しています。そばにストックしているマイクロファイバークロスにスプレーして鏡や水栓などの光りものを磨くと、あっという間にピカピカに。

目につくところに出ているからこそ、「ちょっと磨いておこうかな」という気持ちになれるように思います。

❶洗面台の出しっ放しアイテムたち。❷コップやハンドソープの後ろに、小さく切った掃除用スポンジをこっそりしのばせて。スポンジを出しっ放しにしておくと、洗面台の汚れに気づいたとき、すぐ掃除ができて便利です。

浴室にあるお風呂掃除3点セット

水垢は白く浮き立つため、濃い色の浴室で掃除をさぼっていると、特に目立ちます。

わが家の浴室は、壁面こそ白いタイルが貼られているものの、カウンターは黒、床は濃いグレーのタイル貼り。

これまで住んだ部屋は、偶然にも白い浴室ばかりだったため、多少掃除をさぼっても、水垢が気になることはありませんでした。それと同じ感覚で、適当に掃除をしていたら、6カ月後、濃い色のタイル部分に水垢がこびりついて取れない！　何時間もかかって、やっと水垢が目立たない程度に落ちたときには疲労困憊。「もう二度とこんな大変な掃除はしたくない！」と思いました。

それ以来、わたしにしては比較的しっかりと、毎日のお風呂掃除を続けています。

といっても、大変な掃除は続けられません。お風呂掃除を少しでも簡単にするため、シャンプーや石鹸は直置きせずラックに収納。ラックは床に置かず、S字フックでタオルバーにひっかけたところ、床掃除の際に持ち上げる手間がなくなりました。

ラックに収めるシャンプー類も、数が多いと手入れが大変なので、なるべく家族全員で共用できるものを選んでいます。

浴室を使用していないときは、床には何も置いていません。

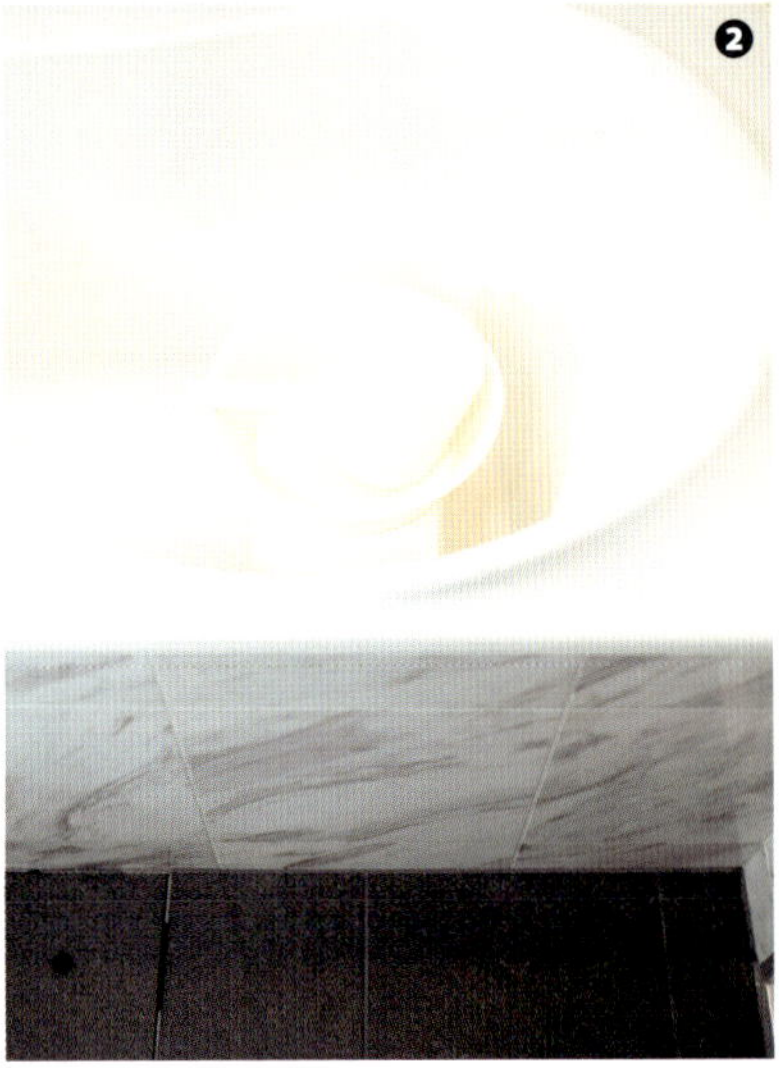

❶お風呂の床に何も置かなくてすむよう、シャンプーや石鹸はスチールラックに収納。お風呂掃除3点セットの目地ブラシとスクイージーはS字フックでタオルハンガーにひっかけて。洗剤は、そのままハンガーにひっかけ収納しています。❷お風呂の椅子や手桶を浴槽の中に入れてしまえば、床の上は何もない状態にできるので、掃除がとてもラク。

これまで洗面所で管理していた掃除道具はすべて、浴室の中を定位置に。気づいたときに手に取れるので、ちょこちょこ掃除がしやすくなりました。もちろん、置いている掃除道具は最低限です。あれこれ試した結果、わが家では「目地ブラシ」「スクイージー」「洗剤」さえ浴室にあれば、日々の掃除がまわしやすいことがわかりました。

掃除のタイミングはお風呂から上がったらすぐ。全体に軽く洗剤をスプレーし、洗面所のそばにストックしているマイクロファイバークロスを持ち込んで、壁、鏡、浴槽、椅子、洗面器を洗い、床は目地ブラシで簡単にこすります。

シャワーで洗剤を流したら、スクイージーで壁、鏡、床も水切り。絞ったマイクロファイバークロスで残った水滴を拭き上げて完了。5分でできる簡単掃除です。

めんどうに思うこともありますが、**毎日続けられるレベルまでハードルを下げきったことで、日々続けられています。**

洗剤はAUROの「オレンジクリーナー」で一本化しています。用途別に濃度を変えて使用。

CHAPTER 6

コンパクトな暮らしがもたらす豊かな時間

短時間でラクに片づく仕組みを考えたり、
家族が自分のことは自分でできるよう家を整えたり。
家を美しく保つことや片づけそのものが目的ではなく、
「本当に大切なこと」に使う時間と気力を生み出すために
わたしは日々、暮らしを見直しています。
ここからは、時間と心にゆとりをもたらす
暮らしの整え方や考え方をご紹介します。

狭いから得られた多くの「いいこと」

空間だけではなく、思考も整理して、自分が本当に望む快適な暮らしを手に入れる。その仕組みづくりのサポートをするのが、わたしの職業「ライフオーガナイザー(*)」です。

職業柄、自宅へ人を招いたり、本やブログで部屋を紹介したりする機会がよくあります。もちろん、そんなときのわが家はつねにすっきりと片づいた状態。

でも、いつもいつもそんな状態かといえば、そんなことはありません。

正直なところ、家が美しく片づいている時間より、家が汚れていたり、散らかっていたりする時間のほうがずっと長いのです。

59㎡という小さな部屋に、親子3人＋愛犬と一緒に暮らしているため、その言い訳にも事欠きません。だからといって、

「家が狭いから散らかる」→都会暮らしをやめて、郊外の広い家に引っ越したい？

「子どもがいるから片づかない」→子どもがいない暮らしを想像できる？

「ペットがいるから汚れる」→ペットなんて飼わなければよかった？

「仕事が忙しいから家事ができない」→仕事をやめたい？

*ライフオーガナイザー　アメリカでは一般的に認知されている思考と空間の整理のプロ「プロフェッショナル・オーガナイザー」の日本版の職業です。

この目に見つめられたら、ストレスなんて一瞬でふっとびます。

以前までわが家は、親子３人＋フレンチブルドッグ２匹の５人（？）家族でした。それが今年の春、長男犬のBOOBOO（ブーブー）が老衰で亡くなり、次男犬のTAFFY（タフィー）との４人家族に。いつまでもめそめそしているわたしを慰めてくれた子どもとTAFFYには、心から感謝しています。

＊参考サイト

・一般社団法人日本ライフオーガナイザー協会　http://jalo.jp/

わたしの場合、いずれの答えも「いいえ」です。

家が汚れやすい、散らかりやすいという「不満」の元は、実はすべてわたし自身が選んだことでした。

狭い家を選んだおかげで、好きな場所に住むことができているし、子どもがいるおかげで、毎日新しいことを見つけ、新しいことを学ぶ楽しみをもらっています。愛犬のおかげでストレスが解消されたことは、一度や二度ではありません。

そして自分の仕事。お会いする人たちが片づけの問題を乗り越えて本当にしたいことに向きあう姿を拝見すると、心からうれしくなります。

家が汚れやすい、散らかりやすいのは、もう仕方のないことです。わたしにできることといえば、少しでも散らかりづらい収納を考えたり、片づけやすい仕組みを取り入れたり、掃除の手間がかからないよう工夫したり、家族全員が家事に参加できるよう知恵を絞ったり…。

今の暮らしを否定するのではなく、暮らしに感じる不満の原因を受け入れることで、今の状況をよりよくしようという考えに至りました。

その結果、**できる範囲でできることをやろう**と気持ちを切り替えられるようになった気がします。

時間に追われない、ゆとりある生活

仕事をはじめたばかりの頃は、毎日「忙しい!」「時間がない!」と思いながら暮らしていました。

それもそのはず。当時のわたしは、仕事でもプライベートでも先々の見通しを立てずに、行き当たりばったりで行動していたのです。

時間に追われながら仕事をすると、行動が雑になってミスも増えます。何より自分が楽しくありません。

そこで、スケジュール管理を「時間を先取りする」スタイルに変えてみたところ、仕事もプライベートも驚くほどラクに回せるようになりました。

その方法はとってもシンプルです。

1 タスクを書き出して、それぞれの時間を想定する

2 仕事の完了日を決める

3 **2**から逆算して、**1**の仕事を日々のスケジュールに落とし込む

4 関係者とスケジュールを共有する

自宅で仕事をしていて煮詰まったときは、時々、大好きなコーヒーを買って屋外でリフレッシュ。

これだけです。

仕事を書き出してスケジュールに落とし込んだら、もう細かい事を覚えておく必要はありません。淡々とタスクをこなしていくだけで予定通りに事が進みます。

日々達成感が得られるので、時間に追われる感覚がなくなりました。

このスケジュール管理方法は、今の暮らしでも役立っています。たとえば子どもが保育園に入園する際も、同じように登園スケジュールを立てました。

1 登園前にすることを書き出して（子どものお着替え、自分の身支度、朝食づくり、朝食、連絡帳の記入など）、それぞれの時間を見積もる

2 保育園に到着したい時間を決める

3 **2**から逆算して、**1**を起床〜出発時間までの時間割に落とし込む

4 **3**のスケジュールを夫と共有し、役割を分担する

時間を先取りしてスケジュールを組んでいるおかげで、登園前に慌てずにすんでいます。

このほかにも、ルーチンの家事や大掃除のスケジューリング、自分が本当にしたいことの時間を捻出するためにも、時間の先取りは効果的だと感じています。

成功の秘訣は、タスクに優先順位をつけて、今やらなくていいことはやらないと決

めること。

スケジュールに余裕を持たせること。

自分との約束は守ること。

そして**一番大切なのは、効率よく動くことではなく、自分と家族が時間に追われず、暮らしを楽しむ余裕を持つこと**だと思っています。

目覚まし時計は夫婦それぞれ別のものを使っています。時間通りきっちり動くのが得意な夫の時計は、正確な時間の5分前(右)。のんびりしているわたしは10分前にセット(左)。朝はお互い、自分の時計を見ながら行動しています。進んでいる時間が違うのに、身支度を終える時間はぴったり同じになるから不思議です。

一瞬で最高のリラックス空間になる香りの効用

わたしには、一瞬で気分転換できる方法があります。「お香」です。実家で使っていた北勝堂の「環翠《かんすい》」というお香を結婚してからもずっと愛用しています。このお香を焚くと、実家での暮らしや母のことを思い出し、心からホッとできるのです。

焚き方も簡単。香炉に「香炉灰」といわれるお香用の灰を入れ、そのうえに火をつけたお香を直接置くだけ。最後まできれいに燃え尽きます。燃え尽きたお香も灰になるため、後片づけの必要はありません。

お香のほかに、アロマキャンドルやアロマオイルも大好きでよく使います。

「快適な住まい」というと、目に見えるものに注目しがちですが、目に見えない香りの効果も絶大です。

住まいを持ち運ぶことはできなくても、香りなら持ち運ぶことができます。

これまで引っ越しが多く、新居に慣れるまで時間がかかることもありましたが、大好きなアロマを焚けば、まだ落ち着かない部屋が一瞬でリラックスできる空間に。

「これは!」という香りが見つかるまで時間がかかるかもしれませんが、**自分にぴったりの香りに出会えたら一生の宝になる**ように感じています。

❶お香の環翠はスティック型ではなく渦巻き型。一度にひと巻きすべて焚くことは少なく、必要な分だけ折って使用。❷アロマポットを使う場合、水を入れたお皿部分に好みのアロマオイルを数滴ミックスしてティーキャンドルで温めます。火を使わないアロマディフューザーを使うことも。❸アロマキャンドルは最近、改めてdiptyqueの香りに惹かれます。リピートしているのは、BAIES、MIMOSA、Heliotrope。❹キャンドルのストックは、ライターの補充用ガスボンベと同じ場所にセット化。一緒に使うものがまとまっていると、そのまま使えるので便利。

家を整えるための3つの「S」

ライフオーガナイズでは、片づけを3つの「S」に分けて考えています。

①ストレスフリー　②すっきり　③素敵

必要なものがどこにあるかわからない。何が入っているかわからない場所がある。よく使うものの出し入れがしづらい…。そのような状態であれば、最初に目指すステップは「①ストレスフリー」です。動線上にある収納スペースに、使う人が出し入れしやすい形で収めるだけでも、生活はうんとラクになります。

整理収納に関する本やブログを読んでも、なかなか自宅が片づかないという場合、もしかすると実際の片づけ（空間の整理）の前に、自分にとっての「快適な暮らし」をはっきりさせること（思考の整理）が必要なのかもしれません。

年齢も、職業も、家族構成も、家の間取りも、もちろん価値観も違うのだから、本やブログの著者が考える「快適な暮らし」と、わたしの考えは違って当然です。みんなにとっての正解を探そうとせず、自分にとっての「快適な暮らし」を追求すること。それが鍵であるように思います。

「快適な暮らし」のイメージははっきりしている。現状と理想のギャップも具体的にわかっている。ギャップを埋める行動も起こしている。それなのにやっぱり家が片づかないという場合は、3Sの順番をスキップしていないか、チェックしてみてもよいかもしれません。

本やブログで紹介されているおうちは、すでに「②すっきり」「③素敵」の状態であることがほとんど。まだ「①ストレスフリー」を目指す状態なのに、そこを飛ばして、本やブログの通りに整理収納を極めようとしても、むずかしいのが実情です。

家を片づけたいと思ったら、まずは自分自身を俯瞰して思考の整理を。それからスモールステップで自分の価値観に沿って空間の整理を進める…。

時間がかかるように見えますが、結果的にそれが「快適な暮らし」を手に入れる最短の道だと、最近は改めて感じています。

ストレスなく暮らせるようになったら、「②すっきり」を目指して、雑然とした印象のものを引き算。それから「③素敵」な空間を目指して、インテリアコーディネートの要素を加えます。

＊監修

・P152〜P153　一般社団法人日本ライフオーガナイザー協会

「万能ではない自分」を受け入れる

子どもには自分の個性を大事にして欲しいと思っています。そのお手本になるために、わたし自身も自分の個性を大事にしたいと考えています。

というと聞こえがいいのですが、正直なところは、わたしが一般的な「いい母親像」と違っていても、それもまた個性だからご容赦ください…という意味です。

わたしの中での「いい母親像」といえば、子どもの服やバッグを手づくりしたり、子どもと一緒に季節の果物でジャムやシロップを仕込んだり、家庭菜園でつくった無農薬野菜を食卓に並べたり…。

そんなふうにていねいに暮らしながら、子どもに様々な知恵を授けられたら素敵だろうなと思います。

でも、実際のわたしはというと、その真逆！

子ども服はすべて既製品、保育園バッグも市販のもの。いわゆる梅仕事に憧れつつ、これまで挑戦したことがありません。

わたしにもムリせずつくれる簡単マフィン。なかしましほさんのレシピ。

平日は主菜と副菜の2品あればいいと割りきって、簡単に短時間でできる料理がほとんど。

家庭菜園どころか、ときには市販のおやつを与えるうえ、息抜きに外食だってしています。

精一杯がんばれば、もしかしたらわたしも「いい母親像」に近づけるかもしれません。でも、今のところ、わたしががんばらなくても生活は回っているし、そのせいで家族が辛い思いをしているわけでもなさそうです。

それなら、**わたしが「いい母親」でいるためにムリをしてイライラするより、「できない母親」でニコニコしているほうが、わが家は平和**なように感じています。

もちろん、「いい母親像」に自分をあわせることを楽しめるのなら、何の問題もありません。

でも、それで眉間にシワが寄っているなら、「なぜ、こんなにがんばっているんだっけ?」と改めて自分に問いかけてみてもいいかもしれません。

「いい母親像」に自分をあわせることを諦めると、家事や育児で「やれないこと」ではなく、あえて「やらないこと」が増えていきます。そうすると暮らしがシンプルになって、精神的にも、時間的にも余裕が生まれるように感じます。

その余裕のおかげで、保育園から帰ってきた子どもと遊んだり、夫と将来の計画を立てたりできているなら、「できない母親」でいることも悪くないのかもしれません。

本当にしたいことをして暮らしたい

ライフオーガナイザーとして、片づけに悩んでいる方のカウンセリングを行うとき、こんな質問をすることがあります。

「10年後、あなたはどんな暮らしをしていたいですか?」


フルタイムで育児中という女性なら、10年後には子どもの手が少し離れ、時間に余裕が持てているかもしれません。

毎日忙しく働いている独身の女性は、結婚して母になり、仕事の仕方を変えているかもしれません。

中学生、高校生の子どもを持つ女性であれば、子どもが独立して夫婦2人暮らしになっている可能性もあります。


いずれにしても、10年後の生活が今とまったく同じということはないようです。

どうせ変わっていくのなら、ただそれを待っているよりも、10年後にしていたいことを考えながら、そのために できる準備をしておくほうが、将来の夢や楽しみが広がります。

インテリア誌でよく見かける「コウモリランの板づけ」を自作。壁に飾る植物は、コンパクトな暮らしにぴったり。

たとえば10年後、子育てがひと段落したら仕事に復帰したいとか、大学に入って学びなおしたいとか、今より小さな家に引っ越してシンプルな暮らしがしたいとか、郊外の大きな家に引っ越して自給自足で暮らしたいとか……。

10年後にゼロからスタートするのでは大変ですが、その間コツコツと準備ができれば、十分実現できる夢なのではないでしょうか。

そんな**夢や楽しみを実現するために、「片づけ」はある**のだと思っています。

わたしが部屋をすっきり整えておきたい理由は、片づけや掃除、家事に時間をかけたくないからです。

わかりやすい収納、出し入れしやすい収納にしておきたい理由は、家族に自分のことは自分でしてもらいたいからです。

家で気持ちよく過ごして活力を蓄え、余った時間で家族とおしゃべりしたり友人と出かけたり、新しいことを学んだり、夢を実現させるための準備をしたり。

そんな気力と時間を生み出したいから、日々片づけに励んでいる次第です。

水やり中は、癒やしのひととき。わずかな成長の変化を見つけては喜びを感じています。

さいとう きい

ライフオーガナイザー。日本ライフオーガナイザー協会運営のWEBマガジン「片づけ収納ドットコム」編集長。

都心の59㎡、１ＬＤＫ＋ＤＥＮ（子ども部屋として使用）に家族３人、犬１匹と暮らす。スモールスペースでの暮らしをもっと素敵に、もっと快適にするための収納やインテリア術を提案している。

著書に『狭くてもすっきり暮らせるコツ61』（宝島社）がある。

「SMALL SPACES：狭くても快適に」http://blog.keyspace.info/

装幀／knoma
撮影／三村健二
写真提供／さいとう きい

ものが多くてもできるコンパクトな暮らし

2015年12月29日　　第１刷発行
2016年１月15日　　第２刷発行

著　者　　さいとう きい
発行者　　徳留慶太郎
発行所　　株式会社すばる舎
〒170-0013
東京都豊島区東池袋3-9-7東池袋織本ビル
ＴＥＬ　03-3981-8651（代表）
03-3981-0767（営業部直通）
ＦＡＸ　03-3981-8638
ＵＲＬ　http://www.subarusya.jp/
振　替　00140-7-116563
印　刷　　シナノ印刷株式会社

ISBN978-4-7991-0470-5